TRANSCENDÊNCIA
Vida Após a Morte

JUSSARA KORNGOLD

TRANSCENDÊNCIA
Vida Após a Morte

Depoimentos de Espíritos
Recebidos através da Mediunidade

**UNITED
STATES
SPIRITIST
FEDERATION**

© UNITED STATES SPIRITIST COUNCIL 2024

Contato: info@spiritist.us

www.spiritist.us

Título: Transcendência: Vida Após a Morte

Primeira Edição – 2024

ISBN: 978-1-948109-42-0

LCCN: 2024942430

Produção Gráfica:

UNITED STATES SPIRITIST FEDERATION – USSF

6218 Georgia Ave N.W. Unit #1090

Washington, DC 20011 – United States www.spiritist.us

Library of Congress Cataloging-in-Publication Data

Transcendência: Vida Após a Morte

KORNGOLD, Jussara

ISBN: 978-1-948109-42-0

LCCN: 2024942430

1. Espiritismo 2. Psicografia 3. Mediunidade

Manufactured in the United States of America

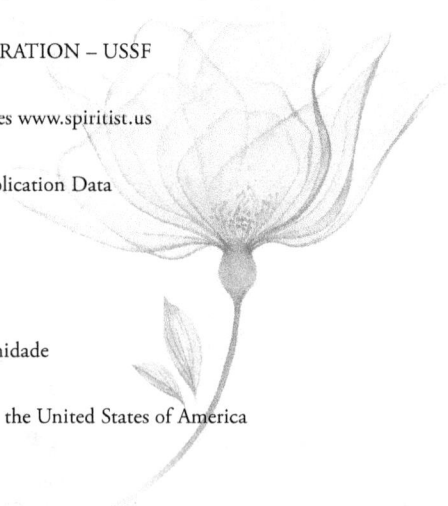

Sumário

INTRODUÇÃO 13

TRABALHO DE RESGATE ATRAVÉS DA MEDIUNIDADE 17

INSTRUÇÕES 23

PREFÁCIO | NOVOS COMEÇOS...25

PARTE UM | TESTEMUNHOS...27

1 | BURT 29

    CONFISSÃO DE ALGUÉM QUE ESTAVA MORTO NA VIDA
    MAS ENCONTROU A VIDA NA MORTE 29

2 | PHILIP 33

    REDESCOBRINDO O PROPÓSITO DA VIDA E PREPARANDO-SE
    PARA O QUE ESTÁ POR VIR 33

3 | LUCIUS 35

    UMA JORNADA DO MATERIALISMO À ILUMINAÇÃO ESPIRITUAL
    35

4 37

    DA INCONSCIÊNCIA TERRENA À ILUMINAÇÃO ESPIRITUAL.....37

5 39

    UMA JORNADA DO CETICISMO AO DESPERTAR ESPIRITUAL...39

6 | ANTONELLO 41

    ABRAÇANDO A VIDA APÓS A MORTE: UM APELO PARA A
    PREPARAÇÃO ESPIRITUAL..41

7 | ERNEST 43

    A DOR COMO INSTRUMENTO DE APRENDIZADO E
    CRESCIMENTO ESPIRITUAL 43

8 | ELIZABETH 45

    DESCOBRINDO NOSSA CONEXÃO COMPARTILHADA...............45

9 | MANUEL 47

    TRANSCENDENDO O EGOÍSMO: UMA BUSCA PELA REDENÇÃO47

10 | STEVE..49

    DA IGNORÂNCIA À PRECIOSIDADE DA VIDA 49

11 51

    UM APELO POR MISERICÓRDIA DIVINA E SALVAÇÃO..............51

12 | ALEX..53

    A TRANSFORMAÇÃO DE UM CORAÇÃO EGOÍSTA....................53

13 | ANNABEL..57

    UMA VIDA REPLETA DE AMARGOR 57

14 | RAPHAEL...59

    VAZIO EXISTENCIAL..59

15 | LUCAS 63

    VOLTAR NO TEMPO 63

16 | MARTIN...67

    A HISTÓRIA DE UM SAMARITANO NEGLIGENTE....................67

17 | LESLIE 69

    ENFRENTANDO O ARREPENDIMENTO: BUSCANDO REDENÇÃO ATRAVÉS DA REFLEXÃO..69

18 | CHARLES...73

    LIÇÕES DE UMA ALMA DESPEDAÇADA 73

19 | GERONIMO 77

    DA ESCURIDÃO À ESPERANÇA: A EXPERIÊNCIA DE CURA DE UMA ALMA..77

20 | MIRIAM 79

    AMOR À FILHA: CURANDO FERIDAS DO PASSADO...................79

21 | JACKSON 83

    UM TESTEMUNHO DE TRANSFORMAÇÃO ESPIRITUAL 83

22 87

    UM ESPÍRITO EM TREINAMENTO.................................87

23 | JACK 91

A LUTA DE UMA CRIANÇA: SUPERANDO A DOENÇA E CONQUISTANDO A CURA ESPIRITUAL...................................91

24 | ISMAEL 95

ENCONTRANDO ILUMINAÇÃO NAS SOMBRAS DO REMORSO.95

25 99

ENVOLVENDO-SE NA LUZ DO ALÉM: EXPLORANDO A VIDA APÓS A MORTE 99

26 | MAGGIE 103

RENASCIMENTO ESPIRITUAL: ENCONTRANDO PROPÓSITO ALÉM DO DESESPERO...........................103

27 107

A REDENÇÃO DE ROY: UM ATORMENTADOR DE ALMAS 107

28 111

ELEVANDO-SE ALÉM DO DESESPERO: O CAMINHO PARA A RENOVAÇÃO...111

29 113

A JORNADA DE UMA ALMA EM BUSCA DA ILUMINAÇÃO 113

30 115

TORRES GÊMEAS: BUSCANDO A LUZ NAS SOMBRAS DO 11 DE SETEMBRO 115

31 | JACKELINE 119

A DESCOBERTA DO ESPÍRITO.....................................119

32 | JAMIE 121

ECOS DE ARREPENDIMENTO......................................121

33 123

ESSÊNCIA ETERNA: DESVENDANDO A REALIDADE DA IMORTALIDADE 123

34 | PADRE MARK...125

REFLEXÕES DE UM PADRE SOBRE A VIDA APÓS A MORTE.....125

35 127

    UM CONVITE AO SENTIDO MAIS PROFUNDO DA VIDA 127

36 129

    DESCOBRINDO O SENTIDO DA VIDA 129

37 | JULIAN 131

    CONFIRMANDO A INEXISTÊNCIA DA MORTALIDADE............131

38 | ALFRED 133

    DE UM ESTADO DE CONFUSÃO À GRATIDÃO........................133

39 135

    DA LUTA À SERENIDADE: FÉ E RESILIÊNCIA............................135

PARTE DOIS | MENSAGEM DOS MENTORES 137

40 | STANISLAUS DA BAVARIA 139

    UM CONVITE AO ALTRUÍSMO 139

41 | FREDERICK 141

    ENCONTRANDO A SABEDORIA DIVINA.................................141

42 | ANTONIO...143

    TEMPO DIVINO E AS RECOMPENSAS DA PERSEVERANÇA 143

43 145

    EM BUSCA DO ESCLARECIMENTO ESPIRITUAL........................145

44 147

    PRECE: UM PORTAL PARA A
    TRANSFORMAÇÃO ESPIRITUAL 147

45 149

    ABRAÇANDO A TRANSFORMAÇÃO: UMA
    MENSAGEM DE ESPERANÇA 149

46 151

    FARÓIS DE ESPERANÇA GUIANDO A
    HUMANIDADE RUMO À ILUMINAÇÃO...................................151

47 153

    O AMANHECER DE UMA NOVA ERA...153

48 155

    QUANDO JESUS NASCEU? 155

49 159

    A BÊNÇÃO DE SERVIR A JESUS 159

PARTE TRÊS | POEMAS **161**

50 163

    CAMINHOS DA REFLEXÃO E ESPERANÇA 163

51 165

    A JORNADA DE PAULO: DA PERSEGUIÇÃO À REDENÇÃO 165

52 167

    SOB O OLHAR DO CRISTO: REFLEXÕES DE AMOR...................167

53 169

    A MISSÃO DE UMA MÃE 169

54 171

    AGORA EU ME ERGO 171

55 173

    AMOR EM AÇÃO 173

56 175

    ESCOLHENDO A ESPERANÇA.................................175

57 177

    PUBLIUS E JESUS..177

58 179

    CONVITE A ESPERANÇA 179

59 181

    POEMA DO RETORNO 181

60 183

    JESUS, NOSSA LUZ DIVINA.....................................183

EPÍLOGO...**185**

    PADRE AMBROSE...185

INTRODUÇÃO[2]

Em 19 de dezembro de 1980, recebi meu primeiro convite para participar de uma reunião em que as vozes dos espíritos poderiam ser canalizadas através da mediunidade. Pouco sabia que esse evento se tornaria um pilar na minha vida, moldando minha jornada espiritual de maneira profunda. Desde aquele momento crucial, tenho continuado a participar ativamente nas reuniões mediúnicas. Essa experiência contínua tem sido extremamente enriquecedora, não apenas dissipando quaisquer dúvidas que eu pudesse ter tido sobre a existência de uma vida após a morte, mas também me concedendo o privilégio de aprender com a profunda sabedoria compartilhada por essas entidades espirituais.

Compartilho aqui algumas das mensagens que foram transmitidas por meu intermédio em diversas instituições espíritas ao redor do mundo, incluindo Brasil, Inglaterra e, predominantemente, nos Estados Unidos, ao longo dos anos em que tenho praticado a mediunidade. Essas experiências têm sido notavelmente variadas. Por vezes, senti a presença de espíritos em sofrimento ou daqueles que ainda não tinham aceitado completamente sua própria

---

2   Exceto por alguns poemas, todas as demais mensagens contidas neste livro foram recebidas originalmente em inglês e traduzidas para o português para esta edição. Nota da autora.

passagem. Em outras ocasiões, espíritos obstinados se aproximaram em busca de reparação por erros percebidos. E houve também encontros com espíritos iluminados, cujas vozes compassivas e sábias ofereceram palavras de conforto e orientação.

É difícil expressar em palavras a sublimidade que envolve esses encontros. As conexões estabelecidas entre os participantes e os espíritos benevolentes são imediatas e duradouras, desde que aqueles envolvidos se esforcem para merecer e manter essas conexões abençoadas por toda a eternidade.

Os ensinamentos do espírito Emmanuel no livro "Desobsessão" lançam luz sobre a importância desse trabalho:

"Nada mais oportuno e mais justo, de vez que, se a ignorância reclama o devotamento de professores na escola e a psicopatologia espera pela abnegação dos médicos que usam a palavra equilibrante nos gabinetes de análise psicológica, a alienação mental dos Espíritos desencarnados exige o concurso fraterno de corações amigos, com bastante entendimento e bastante amor para auxiliar nos templos espíritas, atualmente dedicados à recuperação do Cristianismo, em sua feição clara e simples."

Tem sido uma honra absoluta servir ao lado desses espíritos elevados, cuja presença em minha vida é um resultado direto do meu envolvimento neste nobre empreendimento.

Com gratidão sincera, estendo meus agradecimentos ao nosso Criador misericordioso por me confiar a sagrada tarefa de oferecer conforto, amor e esperança àqueles que fizeram a transição do mundo material para iniciar sua jornada eterna de iluminação.

Jussara Korngold
NEW YORK, JULHO 2024

TRABALHO DE RESGATE ATRAVÉS DA MEDIUNIDADE

A vida é uma jornada incessante, uma transição constante entre os reinos físico e espiritual. Onde o ser humano habita em nosso planeta, há um fluxo contínuo de almas deixando a existência terrena e outras retornando através da reencarnação. No entanto, o entendimento desse processo natural chamado "morte" frequentemente foi obscurecido por religiões tradicionais. Impulsionadas por diversos motivos, como a conversão pelo medo ou a consolidação do poder, essas religiões muitas vezes envolveram a morte em rituais e misticismo, deixando a maioria da população da Terra mal preparada para esse evento inevitável.

Os ensinamentos ortodoxos sobre o céu e a condenação eterna no inferno, ou a ideia de almas adormecidas aguardando um dia final de julgamento, pouco fizeram para aliviar as ansiedades em torno da morte. Eles falharam em equipar as pessoas com uma perspectiva realista do que esperar ao retornar ao reino espiritual. Mesmo a noção de que a morte automaticamente leva a uma existência celestial é limitada, pois a realidade da "vida após a morte" é altamente individualizada e complexa.

Consequentemente, encontramos muitas almas no mundo espiritual que estão desorientadas, insatisfeitas e carregadas de arrependimento e angústia moral mais profunda do que qualquer dor física. O Espiritismo, por outro lado, oferece uma perspectiva diferente. Ele nos ensina que o processo que chamamos de "morte" não é uma transformação miraculosa. Em vez disso, o espírito carrega consigo para o reino espiritual todas as suas virtudes e falhas. Permanece fundamentalmente o mesmo que era durante sua encarnação terrena, não passando por purificação ou alteração essencial. Portanto, quando um espírito entra no mundo espiritual, ele mantém as mesmas características e inclinações adquiridas durante sua estada na Terra.

Se refletirmos por um momento sobre os diversos níveis de conhecimento, conquistas profissionais, crenças, culturas e tradições que existem entre a humanidade, podemos começar a compreender a vasta gama de ideias e concepções que coletivamente formam o espírito humano, tanto no reino físico quanto no espiritual. É através dessa perspectiva que podemos compreender a infinidade de influências responsáveis por moldar as diversas naturezas, atitudes e comportamentos que caracterizam os indivíduos. Além disso, o conceito de "livre arbítrio" concede a cada pessoa a capacidade de traçar seu caminho único através da vida.

Cada espírito emite uma ressonância vibracional de seu perispírito (corpo espiritual), que é então transmitida para a aura psíquica, refletindo com precisão sua condição espiritual sem a possibilidade de engano. No reino espiritual, não há espaço para se esconder atrás de hipocrisia ou aparências falsas, como era possível na Terra. As frequências vibracionais de um espírito se refinam à medida que ele ascende a níveis mais elevados, enquanto espíritos inferiores emanam vibrações mais grosseiras e pesadas. Consequentemente, cada habitante do mundo espiritual encontra naturalmente seu lugar dentro de seu ambiente espiritual respectivo.

O espírito que se encontra perdido, vagando ou em tumulto devido à falta de entendimento sobre o processo de "morte" ou que persiste em ações prejudiciais, muitas vezes por desconhecer a Lei do Amor, necessita de orientação para transformar sua mente e melhorar sua condição espiritual. Infelizmente, devido ao condicionamento materialista, pode resistir à ajuda direta de entidades desencarnadas que buscam orientá-lo e iluminá-lo. Frequentemente, está bloqueado mentalmente, incapaz de perceber o mundo espiritual ao seu redor ou ouvir os espíritos benevolentes que tentam auxiliá-lo. Em vez disso, pode apenas ouvir os sons perturbadores de outras almas atormentadas, o que não proporciona conforto nem clareza sobre sua nova realidade. | 19

Para enfrentar esse dilema, esses espíritos em estado de perturbação são colocados em contato com aqueles que ainda estão envoltos em corpos materiais densos, ou seja, os encarnados. Essa conexão é facilitada através da prática da mediunidade.

Esses espíritos sofredores ou necessitados são levados a um grupo mediúnico designado pela Equipe de Trabalho Espiritual desse grupo. O objetivo é proporcionar a eles uma conexão breve, mas essencial, com sensações físicas através do contato direto com o médium. Essa experiência permite que eles percebam momentaneamente o mundo pelos olhos do médium, ouçam pelos ouvidos do médium e, mais importante, se comuniquem pela boca do médium.

Para muitos desses espíritos, sua desorientação decorre da perda de contato com o mundo tangível. Esta reconexão com a materialidade é de suma importância, especialmente para aqueles que negaram veementemente a existência de uma vida após a morte e não conseguiam conceber o reino espiritual.

Há uma segunda razão igualmente significativa para trazer espíritos necessitados para uma sessão mediúnica. É permitir que eles participem de um diálogo breve com um "Dialogador", alguém que possa ajudá-los a entender sua situação e, se possível, aceitar seu novo estado de existência. Por isso, um Centro Espírita frequentemente é comparado a um hospital, pois serve como um local de cura e assistência.

Os dialogadores, que recebem treinamento especializado, desempenham um papel central nessa ação. Sua responsabilidade é orientar esses espíritos e ajudá-los a navegar por suas circunstâncias imediatas. Isso frequentemente envolve questões delicadas que não necessariamente incluem informar os espíritos sobre seu falecimento. Essas interações exigem um alto grau de discernimento por parte dos dialogadores.

Torna-se cada vez mais evidente a importância da Educação Mediúnica. Para oferecer assistência eficaz no campo do resgate espiritual, é crucial ter médiuns bem treinados e equilibrados, que compreendam a mecânica da mediunidade e consigam suportar as demandas emocionais e físicas que este tipo de trabalho impõe ao organismo humano.

É importante priorizar a segurança na mediunidade. Um médium deve possuir a capacidade de exercer bom julgamento e manter controle sobre suas faculdades. Esse controle é essencial, especialmente à medida que o Trabalho de Resgate avança para o campo mais especializado da

Desobsessão. Embora uma discussão detalhada sobre Desobsessão esteja além do escopo deste livro, é crucial destacar sua natureza especializada. Este trabalho nunca deve ser realizado por médiuns inexperientes. A Desobsessão requer uma equipe dedicada de indivíduos treinados, incluindo médiuns com experiência prática, trabalhando sob a orientação de uma Equipe de Trabalho Espiritual para garantir eficácia e segurança.

INSTRUÇÕES

Meus queridos filhos da alma, venho até vocês não apenas como um guia, mas também como um pai amoroso que os envolve com amor infinito. Embora meu papel seja modesto, nosso Pai misericordioso permitiu que eu permanecesse ao seu lado, inspirando-os a servir incansavelmente.

Não há missão maior do que aliviar o sofrimento dos outros. O sofrimento se manifesta de diversas formas e intensidades, mas é especialmente angustiante para aqueles que perderam a esperança em suas vidas. É nosso dever, como espíritos e servos de nosso Mestre, Jesus Cristo, reacender sua vontade de viver e iluminar seu caminho em direção à elevação de suas almas eternas.

A urgente importância deste trabalho não pode ser subestimada. Ouçam os profundos ensinamentos desta doutrina abençoada, transmitidos a vocês pelas vozes dos espíritos e pelo venerável mestre Allan Kardec.

Que suas palavras transbordem de amor e compaixão, pois todos almejamos o amor de nosso Criador. Lembrem-se sempre de que a mais nobre posição que se pode alcançar é a de humilde servo de Cristo.

Bezerra de Menezes

PREFÁCIO
NOVOS COMEÇOS

O conceito da imortalidade da alma não é uma noção recente. Ele existe desde tempos imemoriais, com as civilizações mais antigas da Terra venerando e até mesmo se comunicando com seus mortos, plenamente conscientes de uma vida que se estende além desta existência terrena. Esse conhecimento era difundido em culturas como Assíria, Caldeia, Egito, Grécia, Roma, Índia, Europa e Américas, e continua central para muitas culturas até hoje.

No entanto, foi com o surgimento do Espiritismo que as pessoas começaram a obter uma compreensão mais profunda do que realmente acontece com aqueles que transcenderam o portal da vida física. O conceito da reencarnação, firmemente estabelecido e apoiado por evidências, dissipou dúvidas e negações. Embora alguns ainda tentem negar sua realidade por medo do desconhecido, compreender esse fenômeno tem o potencial de remodelar o curso do nosso mundo.

Ouvimos vozes do além, vozes de nossos entes queridos falecidos que retornam para se comunicar conosco, iluminando as realidades da existência no plano espiritual. Eles nos revelam que novos começos são uma constante em nossa jornada eterna rumo à perfeição.

A Criação Divina continuamente nos provê com as ferramentas necessárias para nossa ascensão espiritual. Convidamos você a examinar os testemunhos desses espíritos que compartilham suas experiências conosco, buscando aliviar seus sofrimentos e nos ajudar a evitar os mesmos erros que cometeram.

Reflitam sobre suas revelações, pois elas nos oferecem iluminação e a força para infundir mais amor em nossas vidas. E, por nossa vez, podemos ajudá-los a se libertar das amarras do passado e abraçar seus próprios novos começos.

PARTE
UM
TESTEMUNHOS

1 | BURT

CONFISSÃO DE ALGUÉM QUE ESTAVA MORTO NA VIDA MAS ENCONTROU A VIDA NA MORTE

Quem imaginaria que a morte não é o fim da nossa existência?

Durante nossa jornada na Terra, frequentemente nos preocupamos com as questões da vida—o que devemos ou não fazer, os erros que cometemos, os altos e baixos, e a busca pela felicidade ou pelo caminho correto. Crescemos desde a infância aprendendo a nos conformar às normas do mundo para evitar ser vistos como 'diferentes' ou ridicularizados por termos ideias diferentes sobre a vida. O mundo, ao que parece, tem pouca tolerância para sonhadores.

Eu, por outro lado, não era um sonhador. Sentia empatia por aqueles que ousavam sonhar, pois não deve ter sido fácil para eles. Nunca arrisquei; procurei evitar problemas. Talvez eu fosse considerado um covarde, ou talvez minha vida parecesse sem graça, mas foi assim que escolhi viver, e compartilho minha perspectiva com vocês para que possam me entender melhor. Vocês podem achar que sou um pouco cínico, mas essa nunca foi minha intenção. Pelo menos, eu não queria ser um fardo para os outros, até onde sei.

Eu experimentei o amor e tive uma família, e não era uma pessoa fria, embora sempre fosse pragmático. É por isso que nunca me aprofundei em pensamentos ou práticas espirituais. Então, vocês podem imaginar meu choque quando finalmente percebi que não estava mais vivo no mundo. A transição foi tudo menos fácil.

Demorei bastante tempo para compreender meu novo estado de ser. Nada mais parecia fazer sentido. Ouvi pessoas, ou espíritos como vocês os chamam, zombando de mim, desafiando minha mente racional a entender tudo o que acontecia ao meu redor. Não era exatamente o inferno que imaginamos, mas certamente não era o céu de forma alguma.

Como emoções nobres e sensíveis podem despertar em alguém que sempre foi indiferente a tais sentimentos? Lutei imensamente; eu não queria aceitar essa situação estranha e difícil. No entanto, quanto mais eu resistia, mais avassalador tudo se tornava. Por que eu tinha sido tão emocionalmente distante na vida, apenas para ser tão desinteressado na morte? Por que eu não poderia simplesmente ter deixado de existir, como eu esperava? De fato, minha 'vida' não havia terminado, mas devo admitir, eu não tinha vontade de continuar, nenhum desejo interior de prosperar neste novo lugar.

Posso compartilhar essas palavras com vocês agora, mas muitos anos tiveram que passar antes que eu pudesse sequer reconhecer o que havia acontecido comigo. Foi um período profundamente perturbador e desafiador. Só consegui superar essas emoções negativas com a ajuda de entes queridos que haviam feito a transição antes de mim. Eles acharam extremamente difícil me alcançar ou me persuadir a continuar, mas quando finalmente conseguiram, nunca me deixaram, e têm cuidado de mim desde então.

Estou aqui compartilhando minha história porque me disseram que pode ser valiosa para outros que, como eu, desconheciam o que acontece após a passagem do corpo, acreditando que não causar mal é suficiente para a salvação. Na verdade, é essencial colocar a bondade em ação. Agora, anseio por uma nova oportunidade, que entendo que virá quando eu estiver pronto. Enquanto isso, devo aprender e me preparar melhor para evitar falhar novamente.

Não deixem que sua vida se torne monótona e desprovida de gentileza, pois será mais difícil corrigir isso depois. Dediquem-se a viver uma vida virtuosa e sempre encontrem tempo para compartilhar seus recursos com os outros, ajudando-os a progredir.

Posso voltar a compartilhar mais quando for possível, mas por agora, despeço-me com gratidão por ouvir a confissão de alguém que estava morto na vida, mas encontrou a vida na morte.

2 | PHILIP

REDESCOBRINDO O PROPÓSITO DA VIDA E PREPARANDO-SE PARA O QUE ESTÁ POR VIR

Por que vivemos? O que nos espera após a morte? Existe uma existência além desta vida? Quando eu era jovem, tinha uma mente curiosa e frequentemente refletia sobre o propósito da vida. Preocupava-me com meu destino e buscava viver com honestidade e integridade.

No entanto, todos sabemos quão rapidamente nossos dias passam; os anos voam, e nos enredamos em eventos e emoções, perdendo de vista nossas nobres intenções. Acabamos apenas tentando sobreviver e alcançar o sucesso, e nossas aspirações juvenis de consciência espiritual podem parecer ingênuas. Um dia, acordamos para descobrir que o sonhador dentro de nós desapareceu, e os anos que se passaram desgastaram os ideais éticos puros que outrora valorizávamos.

Para mim, como para todos, o momento da verdade chegou, e fui chamado de volta deste reino terreno. Eu não tinha a menor ideia do que era esperado de mim. Os valores materiais da vida não têm importância aqui. Sucesso, poder, status social e riqueza não têm consequência alguma.

O que realmente importa são os valores que eu tinha na juventude. O menino que eu fui não precisava passar pelas surpresas e sofrimentos que me aconteceram mais tarde na vida. Se tivesse sido guiado pela curiosidade e por intenções puras e nobres, estaria muito melhor preparado para enfrentar a transição que vem com o fim da nossa existência física.

Portanto, minha mensagem para vocês (mesmo entendendo o quão desafiador pode ser aceitar conselhos de outros) é utilizar o tempo que ainda têm nesta Terra para reconectar-se com os sonhos e inclinações que tinham na juventude. Voltem a um tempo em que acreditavam na bondade, pureza, fé e esperança no futuro. Reacendam o espírito do seu eu interior e sigam a orientação do Mestre de todos os mestres, que uma vez disse: 'Deixai vir a mim as crianças.'

Aproveitem os prazeres e oportunidades simples da vida. Fazendo isso, quando chegar o momento da sua própria transição, vocês estarão bem preparados.

3 | Lucius

UMA JORNADA DO MATERIALISMO À ILUMINAÇÃO ESPIRITUAL

Se ao menos pudéssemos compreender a preciosidade da vida, sem dúvida faríamos um uso muito melhor do nosso tempo enquanto estamos neste mundo. Infelizmente, muitos de nós permanecem alheios aos desafios que devemos enfrentar antes de sermos agraciados com um novo corpo. Tratamos este nosso sagrado veículo com pouco respeito, mesmo enquanto continuamos nossa evolução espiritual em uma nova encarnação.

Durante nossa existência terrena, a maioria de nós não percebe os profundos valores espirituais que deveriam guiar nossas vidas. Podemos seguir uma tradição religiosa específica ou frequentar um determinado lugar de culto, mas, em vez de realmente incorporarmos nossas crenças para nos tornarmos melhores, muitas vezes seguimos o caminho materialista de acumular posses. Tornamo-nos insaciáveis, mas para que propósito final?

O dia inevitavelmente chegará quando teremos que partir desta vida, deixando para trás não apenas nossas posses materiais, mas também nossa amada família e amigos.

Quão lamentável é o retorno daqueles que viveram apenas para as buscas materiais! Falo por experiência própria, pois eu me encontrei nessa situação. Meu tempo nas sombras da escuridão pareceu muito mais longo do que minha existência terrena. Como eu poderia saber que me sentiria tão desolado? Tive que lutar para aceitar que poderia ter tomado medidas para evitar esse destino. Poderia ter sido menos guiado pela ambição, mais focado em oferecer apoio aos outros, mas fui egoísta e segui apenas as leis do mundo, ignorando o fato de que é a lei de Deus que devemos seguir.

Agora, estou trabalhando na minha própria recuperação espiritual e sou profundamente grato por ter recebido esta oportunidade de ajudar e inspirar vocês, compartilhando minhas experiências e conselhos. Não se deixem cativar pelo brilho ilusório do mundo. Acreditem em mim quando digo que é tão enganador quanto uma miragem no deserto. Em vez disso, concentrem-se em nutrir sua luz interior, a que só pode ser alcançada através de atos de bondade e gentileza.

Que a misericórdia de Deus nos guie e nos envolva a todos!

4

DA INCONSCIÊNCIA TERRENA À ILUMINAÇÃO ESPIRITUAL

Como posso começar a descrever algo que é doloroso demais para lembrar? Durante nosso tempo na Terra, nossos valores frequentemente giram em torno da acumulação de riqueza material. Somos ensinados a "ter sucesso" e a cuidar de nós mesmos porque nos dizem que ninguém mais o fará. No entanto, essas lições podem não ser tão sábias no contexto mais amplo e espiritual da vida.

Uma criança não é uma tábua rasa ou uma tela em branco; uma criança é uma alma antiga, um espírito experiente que recebe uma nova oportunidade para um novo começo. Este ciclo aconteceu comigo, com vocês e com todos os outros na Terra muitas vezes, e continuará até que todos nós evoluamos e cumpramos nosso propósito. Durante minha infância, fui cercado por boas pessoas que ofereciam conselhos sábios e úteis. No entanto, as lições que mais ressoaram comigo foram aquelas que reforçaram minhas próprias inclinações.

Porque raramente contemplamos nossa própria mortalidade em nossas vidas presentes, foi um choque profundo para mim quando meu tempo na Terra de repente terminou. Minha morte não veio após uma doença prolongada, mas rapidamente, devido a uma enfermidade inesperada. Foi como ser abruptamente desenraizado, vivo em um dia e morto no próximo.

Então, como posso explicar que ainda existo? Como vocês, que vivem em um corpo físico, podem realmente entender o que significa ser uma essência espiritual? Eu ainda sou e continuarei a ser. No entanto, não pensem que essa consciência ocorreu imediatamente após eu me separar do meu corpo físico. Demorei muito tempo, e passei por muito sofrimento e negação para finalmente entender e aceitar isso. É por isso que mencionei o quão doloroso seria para mim reviver essas memórias.

Com o tempo e a cura, agora posso ver mais claramente. Entendo a jornada que me levou até onde estou agora. Este não é o fim da minha existência; é apenas o começo do que está por vir. Anseio pela chance de começar de novo e receber a oportunidade de retornar a uma nova vida física. Ao fazer isso, espero sinceramente ter mais sucesso no meu caminho de evolução.

Por enquanto, meu testemunho é tudo o que posso oferecer da minha perspectiva, e oro para que vocês possam encontrar a sabedoria na vida que eu só pude encontrar na morte. Confio em todos os praticantes dedicados do Espiritismo para fornecer lições vivas dessa filosofia iluminada a todos aqueles dispostos a seguir seus passos. Sempre serei um amigo deste trabalho e sempre valorizarei o quanto ganhei do Espiritismo.

5

UMA JORNADA DO CETICISMO AO DESPERTAR ESPIRITUAL

Apresento-me diante de vocês hoje com um profundo
senso de humildade.

Devo confessar que, em tempos passados, eu tinha fortes reservas quanto aos aspectos intangíveis da existência—o invisível, o inaudível, o intocável. Desconsiderei quaisquer noções de mergulhar em questões de espiritualidade, vendo-as como muletas para aqueles que eu considerava mais fracos, algo que acreditava não ser real. Eu me via como resiliente, inabalável e inflexível, e não via necessidade de promessas de uma vida eterna em um reino celestial.

Por favor, entendam-me corretamente; eu não tinha más intenções. Seguia as leis da sociedade e fazia o meu melhor para cuidar dos meus entes queridos. Admito que eu pudesse ser um pouco egocêntrico, dando mais atenção a mim mesmo e à minha família do que aos outros, mas minha consciência permanecia tranquila.

Agora, me encontro imerso nos próprios reinos que antes desconsiderava como inexistentes. Agora entendo que sou um espírito eterno, e é através do canal da mediunidade que me dirijo a vocês hoje, compartilhando meu testemunho. Se ao menos houvesse um meio de alcançar mais pessoas, para oferecer a elas a visão que eu outrora não tinha! Isso seria verdadeiramente extraordinário.

Voluntariamente, me apresento para ajudar a disseminar esse entendimento ao mundo dos encarnados, para que a verdade da imortalidade possa se enraizar em cada mente. Sou grato por tudo o que vim a compreender e pela oportunidade de compartilhar esse conhecimento. Estendo meu sincero agradecimento pelo trabalho que vocês fazem e por me concederem a oportunidade de me comunicar através de suas abençoadas habilidades.

6 | Antonello

ABRAÇANDO A VIDA APÓS A MORTE: UM APELO PARA A PREPARAÇÃO ESPIRITUAL

Fui convidado a esta reunião para esta reunião a fim de compartilhar meu testemunho sobre minha jornada no mundo espiritual.

Antes do meu falecimento, eu não tinha consciência da existência da vida após a morte. Como a maioria de nós, eu acreditava que o mundo em que vivia era a totalidade da realidade. Passei minha vida preocupado com questões mundanas, dando pouca atenção ao que poderia vir depois.

Parece haver algo dentro de nós que nos impede de contemplar nossa própria mortalidade, o limiar enigmático, aquele ponto sem retorno que é nosso destino inevitável. Os anos passam e, à medida que nos aproximamos desse evento inescapável, muitas vezes evitamos pensar sobre isso por medo. No entanto, quando nos encontramos à beira da morte, sem tempo restante, ansiamos por algo mais. É nesse momento que ponderamos sobre o propósito da vida e questionamos nossas conexões com os outros.

Meus queridos amigos, foi exatamente onde me encontrei. Naquele momento, desejei que os místicos e crentes que encontrei durante minha vida estivessem corretos; que a vida realmente continuaria! Hoje, posso lhes dizer (por intermédio da médium, pois não posso mais me comunicar com o mundo material sem essa assistência) que eles estavam certos. Sim, há vida após a morte!

Eu só gostaria de ter estado mais bem preparado para essa jornada. Isso teria me poupado do choque inicial que me dominou e levou a muitas lágrimas. O único consolo que posso oferecer agora é oferecer meu relato, deste lado da existência. Imploro a todos que se preparem!

A vida neste planeta é incrivelmente frágil, e muitas vezes termina antes do esperado. Busquem o conhecimento que os preparará para essa transição. Isso lhes poupará sofrimentos desnecessários. Aproveitem todas as oportunidades para realizar atos de bondade e dominar seus impulsos mais baixos.

Incentivo vocês a espalharem essas informações sem medo de encontrar ceticismo. Foi através da assistência de médiuns que encontrei conforto não muito tempo após o meu falecimento. Adeus, meus irmãos e irmãs!

7 | ERNEST

A DOR COMO INSTRUMENTO DE APRENDIZADO E CRESCIMENTO ESPIRITUAL

Não faz muito tempo, eu estava vivo e preocupado | 43
com as mesmas questões que ocupam a maioria de nós: a busca por conforto e a provisão para minhas necessidades materiais. Eu fazia planos diligentemente para garantir uma velhice tranquila e segura, sem jamais antecipar o surgimento repentino de uma doença.

A vida, como todos sabemos, raramente segue nossos planos meticulosamente elaborados. Não esperamos que a adversidade chegue sem ser convidada e permaneça como um hóspede indesejado. No entanto, somos chamados a nos adaptar às circunstâncias sempre mutáveis da vida, e vi-me gradualmente me acostumando à dor e ao sofrimento à medida que minha doença avançava.

Da minha perspectiva atual, onde posso ver as coisas com clareza, agora reconheço que aquele período de sofrimento foi uma bênção inesperada. Surpreende-me perceber o quanto a dor contribuiu para meu crescimento pessoal e evolução, ensinando-me as virtudes da paciência e da resignação. A dor, como minha constante companheira e valiosa professora, exigia humildade, pois eu não conseguia me cuidar sem a assistência dos outros.

Além disso, aprendi a questionar a crença limitada de que vivemos apenas uma única vida. Minha visão estava restrita por desejos triviais, mas através das lições da dor, comecei a buscar respostas cósmicas, expandindo meus horizontes e descobrindo que poderia sonhar e explorar a vasta extensão da vida eterna.

Entendo que meu testemunho por si só pode não ser suficiente para inspirá-los a ampliar sua própria perspectiva. No entanto, se eu puder despertar em vocês o desejo de embarcar nessa busca, considerarei isso um grande sucesso.

Não esperem que a adversidade bata à sua porta para começar sua jornada em direção à consciência espiritual. Permitam que sua voz interior revele os segredos adormecidos dentro de vocês e deixem que o amor sirva como seu guia. Deixo-lhes as bênçãos dos benfeitores que nos guiam a todos.

8 | ELIZABETH

DESCOBRINDO NOSSA CONEXÃO COMPARTILHADA

Queridos irmãos e irmãs, entendi que esta é a maneira correta de me dirigir a vocês. | 45

Durante grande parte da minha vida, assim como muitos outros, não consegui compreender a profunda interconexão que nos une a todos. Durante meu tempo na Terra, acreditava que o mundo dos vivos era a única realidade, e minha perspectiva estava limitada às relações de sangue. Como poderíamos ser irmãos e irmãs se viemos de culturas, nações e, claro, famílias diferentes?

Meu entendimento estava obscurecido, e eu tinha muito a aprender. Amigos tentaram me esclarecer sobre esses assuntos espirituais, mas eu resisti teimosamente, sem interesse em tais discussões.

Agora, em meu retorno ao plano espiritual, percebi — embora a um custo significativo — a verdadeira natureza de nossa origem e interconexão. Demorei um tempo considerável para compreender plenamente o conceito de amor fraterno e o fato de que todos emanamos do Criador que nos concede a vida e tudo o que possuímos. Se ao menos houvesse uma maneira de transmitir essa verdade sobre nossa origem compartilhada e a realidade fundamental de nossa conexão, isso poderia poupar muitos anos de sofrimento e incompreensão.

Portanto, agora tenho grande admiração pelo trabalho que todos vocês estão realizando, ajudando a abrir nossos corações para essa mensagem simples, mas profunda, independentemente de confiarmos ou não em vocês inicialmente. Por favor, não desanimem ao encontrar almas como a minha; muitas vezes nos encontramos em grande desespero e necessitamos de sua ajuda para não nos perdermos no turbilhão de nossas vidas materiais.

Ofereço minhas sinceras orações para que todos vocês, que têm corações compassivos, possam ser protegidos em seus esforços e continuem a trazer luz ao nosso mundo. Estendo minha sincera gratidão por todas as bênçãos que tenho recebido.

9 | MANUEL

TRANSCENDENDO O EGOÍSMO: UMA BUSCA PELA REDENÇÃO

Como alguém pode se tornar um servo fiel se permanece alheio ao verdadeiro propósito da vida? | 47

É verdade que muitas vezes nos vemos movidos pela necessidade, pois precisamos de dinheiro para sustentar nossa existência, e sem recursos financeiros, a sobrevivência se torna precária. A busca pela riqueza frequentemente consome nossos pensamentos, parecendo insaciável em suas demandas.

Sonhamos com o dia em que ascenderemos a uma posição de autoridade, não mais presos à servidão. Nos imaginamos como aqueles que tomam decisões, e em nosso novo poder, podemos até mesmo contemplar exercer controle sobre os outros. A tentação de explorar se torna grande.

Mas quando, finalmente, alcançamos o ápice que tanto desejamos, consideramos a situação daqueles sob nosso comando? Notamos o sofrimento e a miséria que eles suportam? Lamentavelmente, muitos de nós, incluindo eu, uma vez vimos isso como a ordem natural das coisas, um meio para o sucesso.

Como agora me arrependo da minha insensibilidade! Eu estive na mesma posição daqueles que agora percebo que tratei de forma insensível. Eu era surdo aos seus apelos e não consegui empatizar com seu sofrimento.

No plano espiritual, apesar de minhas sinceras súplicas por perdão, aqueles que prejudiquei podem ainda não estar dispostos a concedê-lo, e entendo sua relutância. Não posso negar que sabia a dor que infligia a eles.

Estou determinado a mudar, a transformar tanto meu comportamento quanto meu pensamento para o futuro, e a fazer reparações. Embora eu não possa prever a natureza da minha próxima vida, rezo fervorosamente pela oportunidade de voltar como uma alma compassiva que compreende o profundo valor da bondade e da amizade.

Aprendi uma lição dolorosa em uma longa e árdua jornada para chegar a este ponto. Estou confiante de que continuarei a progredir, sabendo agora que, sem cuidar de nossos irmãos e irmãs, não somos nada.

Oro para que tenha forças para resistir ao apelo do egoísmo e suplico a Deus por Sua misericórdia para esta simples alma.

10 | STEVE

DA IGNORÂNCIA À PRECIOSIDADE DA VIDA

Eu me dirijo a vocês com respeito, compreendendo o propósito do seu trabalho espiritual e o caminho de despertar que ele implica.

Infelizmente, para mim, essa percepção chegou tarde demais. Só entendi a verdade da imortalidade após ter desperdiçado minha vida, carregando um profundo arrependimento pelo meu comportamento passado, uma vergonha que pesa sobre mim. Agora vejo a dor que causei aos meus pais, suas lágrimas e a culpa que sentem pelas minhas escolhas e destino, embora a verdade seja que todos somos responsáveis por nossas ações. Tive o privilégio de um bom lar e educação, mas não soube valorizar essas bênçãos, comportando-me como um adolescente rebelde.

Seduzido pelos prazeres efêmeros do mundo material, desprezava tudo relacionado a crenças espirituais. Embora tenha recebido alguma educação religiosa, rapidamente rejeitei esses ensinamentos como ultrapassados e irreais, acreditando que sabia tudo o que precisava.

Sentia que o mundo me pertencia, jovem e protegido, com uma falsa sensação de invencibilidade. Que ilusão trágica isso se revelou! Se você não respeita a vida, provavelmente a perderá, e foi exatamente isso que aconteceu comigo. Abandonando imprudentemente pensamentos de segurança, me envolvi em um acidente de carro, uma calamidade de minha própria autoria que custou minha vida.

Vocês não podem imaginar o quão traumático é deixar o próprio corpo físico para trás. Assim como a Bíblia descreve, há 'choro e ranger de dentes', cercado por escuridão, dor e tristeza inconsolável. Como me arrependo das minhas escolhas agora! Fui tolo em desperdiçar o precioso presente da vida. Se ao menos pudesse voltar no tempo, escolheria de forma diferente.

Essa compreensão não veio a mim sem grande sofrimento. Demorei um tempo considerável para compreender plenamente a gravidade das minhas ações. Agora, oro fervorosamente por perdão, tanto por não valorizar minha vida como deveria, quanto por causar tanta angústia aos meus pais e entes queridos.

Minha oração é pela chance de voltar para eles, sentir seu abraço caloroso e receber seu perdão mais uma vez. Imploro a vocês e a outros como vocês que ajudem com suas orações e continuem a guiar aqueles que possam estar em um caminho semelhante, para que não desperdicem a preciosa oportunidade da vida.

11

UM APELO POR MISERICÓRDIA DIVINA E SALVAÇÃO

Pai Celestial, me apresento diante de Ti com o coração repleto de humildade e um profundo desejo pela Tua misericórdia e perdão. Agora compreendo profundamente o erro do meu modo de vida passado, uma vida desprovida de fé.

As pessoas tentaram me alertar sobre meu comportamento insensível e desalmado, mas eu não dei atenção aos seus conselhos. Cheguei até a me iludir, pensando que estava mostrando misericórdia quando tirei a vida de outra pessoa. Considerava a existência uma série de decepções, perguntando-me por que alguém desejaria uma vida longa. Vi o sofrimento gravado nas rugas dos rostos das pessoas, sua incapacidade de sorrir ou abraçar as bênçãos da vida.

Acreditava que tinha apenas uma vida para viver e estava determinado a extrair dela todo o prazer possível.

Não posso alegar ignorância das leis de Deus, pois sabia que estava errado, embora não compreendesse a extensão das minhas transgressões. Rejeitei todas as oportunidades que surgiram para viver de maneira diferente. Agora, estou sobrecarregado de arrependimento por não ter ouvido os conselhos e avisos que me foram oferecidos. Foi preciso perder minha própria vida para perceber o valor inestimável de cada momento na Terra.

Escrevo estas palavras porque recentemente aprendi sobre a Tua misericórdia infinita. Embora sinta que pode ser tarde demais para ser perdoado, fui informado de que preciso abrir meu coração e reconhecer os erros que cometi. Se ao menos pudesse voltar no tempo, escolheria um caminho diferente!

Demorei bastante para encontrar as palavras para expressar esses sentimentos e para entender o que aconteceu. O retorno ao mundo espiritual, especialmente para alguém que cometeu erros como eu, pode ser uma jornada angustiante. Não vou me alongar nos muitos anos que passei nos vales sombrios, mas agora sou grato por meu sofrimento ter me despertado para a gravidade de minhas ações.

Oro não apenas por mim, mas por todos aqueles que transgrediram como eu, para que possamos encontrar Tua misericórdia e a força para forjar novos caminhos de redenção. Minha fé está firmemente alicerçada na Tua infinita misericórdia e amor, Pai Celestial.

12 | Alex

A TRANSFORMAÇÃO DE UM CORAÇÃO EGOÍSTA

Era uma vez um homem desprovido de princípios, consumido apenas pelo interesse próprio. Ele acreditava firmemente que o mundo inteiro girava em torno de sua existência, tornando tudo o mais irrelevante. Ele possuía tudo o que desejava, mas essa abundância apenas exacerbava seu vazio interior.

Apesar de ter nascido em uma família amorosa, nem o afeto de seus pais nem seus próprios instintos paternos podiam compensar o egoísmo corrosivo que residia em seu pequeno coração. Ele desprezava sua família de maneira insensível, não nutrindo emoções por ninguém. Como seria de esperar, um a um de seus amigos o abandonaram.

É verdade que ele possuía inúmeros conhecidos insinceros que buscavam ganhar seu favor através de elogios bajuladores, mas ele os recompensava com meras migalhas de sua atenção. Sua vida era uma lamentável tragédia, e a parte mais triste de tudo isso era que ele teve que deixar este mundo para compreender as oportunidades que desperdiçou durante sua existência.

Ao retornar ao plano espiritual, ele finalmente compreendeu a vacuidade de sua vida anterior. Ao ver seus filhos negligenciados derramando lágrimas por ele, experimentou uma tristeza genuína em seu coração pela primeira vez. Ele nunca esteve presente para eles, então como poderiam eles ansiar por ele agora? Com o tempo, ele sabia, até mesmo eles o esqueceriam.

Ele nunca conheceu o calor do amor por seus pais ou filhos. Ele vinha de uma época em que se esperava que os homens se tornassem provedores e reprimissem qualquer demonstração de afeto, pois isso seria um sinal de 'fraqueza'. Ninguém o fazia sentir que realmente pertencia a este mundo, e parecia que ele não deixou nenhuma marca de sua presença. Que conclusão desoladora para sua vida!

Ele chegou a perceber que o verdadeiro legado vive nos corações dos entes queridos deixados para trás, não em realizações materialistas fúteis.

O subproduto de levar uma existência vazia era semelhante a olhar no espelho e não encontrar nenhum reflexo. No entanto, mesmo um homem sem rosto pode ainda experimentar a presença do Todo-Poderoso. Não podemos escapar do amor de Deus.

Uma vez que ele compreendeu a gravidade de seus erros, começou a derramar lágrimas sinceras pela primeira vez em sua vida. Ele aprendeu que lhe seria concedida uma nova oportunidade de viver, mas não antes de fazer as mudanças necessárias.

Ajudem-me! Hoje, estou diante de vocês, suplicando por suas orações, implorando que lembrem deste homem sem rosto, e pedindo que tenham compaixão porque podem sentir minha dor e arrependimento. Orem por mim, para que um dia eu possa cumprir meu destino de me tornar um filho digno de Deus.

13 | ANNABEL

UMA VIDA REPLETA DE AMARGOR

Sou Annabel e escolhi compartilhar meus pensamentos com vocês hoje. Confiar nas pessoas sempre foi um desafio para mim, e levou muito tempo para eu reunir coragem de vir aqui e contar minha história.

Como filha do meio, assumi as responsabilidades de cuidar da casa quando minha mãe faleceu. Meu irmão mais novo ainda não tinha dez anos, e minha irmã mais velha já estava trabalhando, então tive que carregar o fardo sozinha. A vida era difícil para todos nós, e meus sonhos juvenis desapareceram rapidamente.

Ao longo dos anos, a amargura criou raízes dentro de mim. Sentia como se Deus tivesse me escolhido para a infelicidade, e constantemente lamentava meu destino. Busquei consolo no casamento, apenas para descobrir que havia trocado uma vida de trabalho árduo por outra. Em vez de cuidar de meu pai e irmão, me vi cuidando de meu marido e filhos. Sentia-me insignificante, como uma eterna serva esforçando-se para agradar os outros, sem espaço para minha própria satisfação. Culpei todos pela minha falta de sorte, e como podem imaginar, minha amargura afetava todos ao meu redor.

A vida continuou assim até o fim. Apenas ao retornar a esta existência, ainda carregada de ressentimento, percebi a falácia da minha perspectiva. Descobri as razões profundas por trás do meu compromisso com os outros e senti uma vergonha profunda por ter perdido de vista meu propósito em meio a queixas e amarguras na minha vida passada.

É realmente lamentável que careçamos de conhecimento sobre nossa existência espiritual. Embora lembrar nossas vidas passadas possa não ser de extrema importância, entender que a reencarnação é uma realidade pode oferecer um imenso insight. Se minha confirmação dessa verdade puder ajudar algum de vocês, então contem comigo! Por isso me senti confortável e compelida a compartilhar minha história aqui.

Esta não é nossa primeira vez na Terra; vivemos e continuaremos a viver muitas vidas. Muitos podem rejeitar, zombar ou ridicularizar essa ideia, mas eu os insto a espalharem a palavra sobre a reencarnação. Existem inúmeras pessoas que podem se beneficiar muito desse conhecimento.

14 | Raphael

VAZIO EXISTENCIAL

Saudações a todos! Espero que esta mensagem não os desanime ou decepcione. Minha vida terrena sempre me pareceu profundamente vazia, e eu sentia um vazio na alma que nada parecia preencher.

Levei uma vida convencional, criado em uma família típica onde meus pais muitas vezes estendiam seus recursos para garantir meu bem-estar. No entanto, sendo filho único, minha solidão pode ter resultado da ausência de irmãos. Durante meus anos escolares, fiz alguns amigos, mas nenhum deles verdadeiramente me compreendia. Essa solidão deixou um vazio persistente em minha mente. O sono me escapava enquanto eu lutava com uma angústia inexplicável. Cheguei até a recorrer à igreja em busca de respostas.

Agora, percebo que eu deveria ter sido diagnosticado com depressão crônica. No entanto, vivi em uma época e lugar onde nosso entendimento sobre doenças mentais era limitado. Acreditávamos que a depressão era consequência de um evento traumático ou de um anseio por algo além do nosso alcance.

O vazio em minha mente e a sensação de vazio na alma se tornaram insuportáveis. Apesar dos esforços da minha família e dos meus próprios, parecia haver apenas uma maneira de escapar dessa dor incessante: acabar com tudo, para sempre. E foi o que fiz.

Se ao menos eu soubesse sobre a vida após a morte! Minha ignorância em relação à nossa existência espiritual apenas piorou minha situação. Descobri que, enquanto meu corpo físico havia perecido, meu espírito continuava. Testemunhar o profundo sofrimento dos meus pais me causou uma agonia insuportável.

Agora, após suportar um imenso sofrimento, entendo que o vazio não preenchido, embora expressado como doença mental, estava, na verdade, enraizado na culpa da minha alma. Não conseguia encontrar paz porque meu espírito inquieto não encontrava consolo. É por isso que vim compartilhar meu testemunho com vocês.

Abram seus olhos para uma nova jornada espiritual, um novo horizonte! Vão e disseminem o conhecimento da imortalidade o mais longe e amplamente que puderem; informem todos que encontrarem que a vida do espírito é uma realidade. Não é, como muitos acreditam, uma escolha entre o fogo eterno no inferno ou a ociosidade eterna no céu. Não! Como espíritos, levamos uma existência plena de acordo com nossas necessidades e desejos.

Estou ficando mais forte agora, e estou feliz em anunciar que em breve voltarei ao mundo que abandonei tão impulsivamente. Peço suas orações e as bênçãos do nosso Pai Celestial para que, desta vez, eu possa aprender com minha experiência e levar uma vida melhor, mais significativa e produtiva.

Que vocês encontrem a força para continuar nesse caminho de iluminação. Compartilhem seus conhecimentos com os outros e sejam pacientes, pois suas palavras florescerão com o tempo.

15 | LUCAS

VOLTAR NO TEMPO

Eu sabia que os momentos imediatamente antes do impacto seriam excruciantes, durante cerca de cinco segundos, mas o que estava por vir estava além da minha imaginação. Caindo em um abismo, eu tinha certeza de que a sobrevivência era impossível.

Eu assumia que tudo terminaria, minha vida extinta de uma vez por todas. Meu corpo estava em fragmentos entre as pedras implacáveis, destinado a ser devorado por abutres ansiosos. No entanto, ficou claro que continuamos além da morte de nossas formas físicas, um retorno repleto de dor, e enfrentamos as consequências de nossas ações.

Eu me sentia condenado, buscando ajuda de uma fonte desconhecida. Inicialmente, parecia uma descida interminável, uma queda perpétua sem fim à vista. A duração desse terror me é desconhecida, mas parecia uma eternidade, enquanto meu corpo sem vida permanecia uma visão perturbadora.

O arrependimento me dominou pelas minhas escolhas, percebendo que os momentos de alegria superaram em muito os momentos de dor. Eu permaneci perto do meu corpo sem vida, o mesmo corpo que me proporcionou sensações profundas. Eventualmente, não pude mais suportar testemunhar sua decomposição.

Se eu pudesse voltar no tempo, o faria sem hesitação. Quem realmente compreende o que aconteceu? Foi o orgulho ferido, a força motriz suprema na Terra. O que ganhamos com isso? Se ao menos pudéssemos vislumbrar nosso propósito além do túmulo, poderíamos andar com mais cautela.

A vida após a morte continua sendo um enigma, raramente ensinada ou compreendida, mesmo entre os fiéis. Teorias abundam, muitas vezes parecendo tentativas de nos controlar por figuras religiosas. Garanto a vocês, isso não é fábula; a existência além do corpo é uma realidade austera.

A recuperação foi um processo prolongado, e compartilhar minha história ainda evoca profunda vergonha. Oro para que minha existência inteira não seja definida por essa única vida. Minha esperança é escrever um capítulo melhor.

Atualmente, estou me preparando, aprendendo como retornar à existência corpórea, a única maneira pela qual posso corrigir meu grave erro. Anseio por misericórdia divina, uma segunda chance e a força para resistir às ilusões e atrações da Terra.

Imploro que não julguem esta alma arrependida. Suplico por sua compaixão. Sempre valorizem a vida e nunca desistam. A luta sempre vale a pena, e nesses momentos árduos, tenham certeza, vocês encontrarão consolo na vida que está além.

16 | Martin

A HISTÓRIA DE UM SAMARITANO NEGLIGENTE

Permitam-me compartilhar uma história com vocês.

Era uma vez um homem muito rico, considerado um dos mais ricos de sua região. Ele desfrutava de uma saúde robusta, uma família amorosa e era visto como um favorecido por Deus.

No entanto, ele vivia como uma alma sem Deus. Questionava a necessidade de um poder superior em sua vida, acreditando que não lhe faltava nada que Deus pudesse oferecer.

Com o passar do tempo, sua vida terminou abruptamente. Ele deixou para trás suas riquezas, entes queridos e tudo o que lhe era caro, enfrentando o julgamento para escrutinar sua conduta e avaliar o valor de sua existência.

Ele não lembrava de atos malévolos explícitos, mas também não podia apresentar atos benevolentes. Sua vida parecia fútil. Tentou se defender, sugerindo que seu entorno opulento tornava desnecessária a assistência aos outros. Afirmou não ter culpa por não demonstrar compaixão.

Durante seu testemunho, momentos mundanos de sua vida se desenrolaram. Ele reconheceu inúmeras oportunidades desperdiçadas de ajudar os outros, ignorando aqueles em sofrimento, convencido de que era responsabilidade de outra pessoa ou que era melhor deixá-los em paz. Sua preocupação com seus próprios assuntos o fazia alheio às tristezas ao seu redor.

"Que homem miserável eu me tornei", ele pensou. "Como posso expiar o tempo desperdiçado? Encontrarei perdão por meu egoísmo?" Ele se lembrou da parábola do bom samaritano e se viu entre aqueles que escolheram não ajudar. Seu arrependimento foi profundo.

A essa altura, vocês podem imaginar que eu sou aquele homem. Eu fui um samaritano negligente. Dominado pelo remorso, reconheço-me como um humilde suplicante pelo amor de Deus. Sem amor em nossos corações, somos desprovidos de tudo, e sem amor pelos outros, a vida perde o sentido. Rezo pela chance de retornar, não como um fracassado, mas como um verdadeiro servo de Deus.

17 | LESLIE

ENFRENTANDO O ARREPENDIMENTO: BUSCANDO REDENÇÃO ATRAVÉS DA REFLEXÃO

Abrir meu coração com completa honestidade é uma tarefa desafiadora para mim. Carrego feridas que talvez seja melhor deixar não ditas.

Não sou diferente da maioria das pessoas, mas ao dizer isso, talvez já esteja tentando justificar minhas ações. Muitas vezes criamos justificativas irracionais ou encontramos desculpas para manter a ilusão de que estamos 'certos'. Mas quando falhamos em ser honestos conosco mesmos, nos impedimos de avançar. Enquanto habitamos corpos físicos na Terra, podemos ocultar os motivos por trás do nosso comportamento. No entanto, no plano espiritual, onde tudo é exposto, não se pode mais esconder nada. Essa foi a verdade mais difícil que tive que confrontar ao retornar aqui.

Pouparei vocês dos detalhes da minha partida e dos desafios que enfrentei ao chegar no plano espiritual. Meu testemunho não contribuiria com nada novo aos outros relatos deste livro. Embora muitos de nós compartilhemos experiências semelhantes, nossas respostas a elas diferem.

Meu arrependimento mais profundo é não ter tido conhecimento prévio da imortalidade de nossas almas. Como alguém pode realmente compreender que existimos antes de nossos corpos atuais e existiremos eternamente? Mesmo se eu tivesse possuído esse conhecimento, não posso dizer com certeza que teria agido de maneira diferente e mudado meus caminhos.

Sempre fui extrovertida e alegre, apreciando a atenção que recebia dos outros. Sem pesar as consequências de minhas ações, não hesitei em terminar várias gestações indesejadas. Via isso como me livrando de um incômodo, negando a vida potencial de alguém que ainda não havia tomado forma humana e nunca o faria. Mal sabia eu que, desde o momento da concepção, uma alma já estava conectada às células em desenvolvimento.

Quando chegou a hora certa, fui abençoada com a maternidade. Tornei-me mãe, mas o pensamento de todas as vidas que impedi de vir à existência nunca me deixou. Eu olhava para meu filho e os via, e meu coração se enchia de tristeza. O segredo que carregava dentro de mim acabou consumindo minha saúde e meu espírito.

Entendo a preciosidade da vida e acredito que ninguém deve obstruir a oportunidade de outro nascer. Espero que um dia todos nós venhamos a apreciar essa verdade e nos comprometamos a facilitar o nascimento de nossos semelhantes neste mundo. Agora, anseio pelo momento em que poderei fazer reparações aos espíritos cujas vidas neguei na Terra. Em breve, serei eu quem precisará de um novo corpo e uma nova vida.

Agradeço por suas orações compassivas; elas me ajudarão no caminho que está por vir.

18 | CHARLES

LIÇÕES DE UMA ALMA DESPEDAÇADA

Nesta noite, coloco-me diante de vocês para oferecer meu testemunho. Iniciar é um desafio, pois exige reviver emoções que eu gostaria que permanecessem enterradas para sempre.

Estou um tanto envergonhado porque, como um adolescente imaturo, eu acreditava que tinha todas as respostas, que minha perspectiva era infalível e que meu mundo estava completo. Quão errado eu estava; era tudo uma ilusão! Não sei como consegui me afastar tanto da verdade, mas agora reconheço que estava cego para a realidade.

As únicas coisas que importavam para mim eram o tangível e o visível, e devo confessar, o acumulável. Eu me esforçava muito para acumular posses, e isso se tornou minha realidade, meu mundo. Consegui acumular uma riqueza substancial e desfrutei do respeito dos círculos sociais mais prestigiados.

No entanto, a felicidade que experimentei era mais como loucura. Que tipo de felicidade se dissipa quando se fecha os olhos para o mundo mortal e se desperta na eternidade? Eu me sentia como uma alma despedaçada, o mendigo mais desamparado na Terra. Eu não possuía nada! Como isso poderia estar acontecendo comigo? Eu havia realizado atos de caridade, era generoso com a igreja e tinha uma esposa devota que rezava incessantemente por mim.

Meu orgulho estava ferido. Embora eu tivesse realizado atos de bondade, alimentava meu ego com os elogios dos outros, garantindo que minha benevolência e caridade não passassem despercebidas. Minha motivação era um desejo mundano de reconhecimento. E apesar das orações reconfortantes de minha esposa, elas não podiam me levar à realização profunda de que meu coração não estava no lugar certo.

Vou poupá-los dos detalhes do tempo que passei em confusão e agonia; levou anos para gradualmente aceitar e me adaptar a essa nova existência.

Agora, anseio pela oportunidade de reencarnar, embora ainda tema que minhas motivações possam não ser inteiramente puras. Estou buscando retornar à vida para escapar da minha culpa, ou realmente desejo fazer as pazes e adquirir sabedoria com essa nova consciência? Finalmente aprendi a orar, e estou no processo contínuo de desenvolver a paciência e aceitar que há um tempo para tudo.

Imploro a vocês, meus caros irmãos e irmãs, que examinem suas verdadeiras intenções e se esforcem para utilizar seu tempo nesta encarnação da forma mais sábia possível. É desafiador nos desvencilharmos do materialismo, mas devemos fazer disso nosso objetivo. Devemos buscar uma vida que dê igual importância aos valores espirituais e às posses materiais.

Nosso tempo na Terra passa rapidamente. Se vocês orarem, benfeitores sempre estarão dispostos a ajudar. Que a paz acompanhe vocês em sua jornada!

19 | GERONIMO

DA ESCURIDÃO À ESPERANÇA: A EXPERIÊNCIA DE CURA DE UMA ALMA

Fui a vir aqui hoje para compartilhar minha experiência com vocês, embora eu preferisse esquecer o que aconteceu após meu retorno ao mundo espiritual. Eu não sabia que a vida é eterna e, tola e imprudentemente, busquei escapar do que acreditava ser um problema insuperável, acabando com minha vida terrena. Pensei que encontraria descanso na vasta eternidade, nunca mais respiraria ou sofreria. Como eu estava enganado! Encontrei-me em um lugar horrível, um inferno onde aqueles que cometem tal ato trágico devem existir. Era um reino de sombras eternas, noite interminável, escuridão perpétua e dor incessante.

Não estou aqui para descrever os horrores que encontrei lá, mas para transmitir a abundante bondade que descobri do nosso misericordioso Criador.

Em meus momentos de desespero, muitas vezes pensei que aqueles que amei já me haviam esquecido.

Então, um dia, na escuridão circundante, comecei a perceber tênues lampejos de uma luz suave, como pétalas de rosa caindo suavemente sobre mim. Eram as orações daqueles que me amaram no passado e daqueles que ainda me amam.

Foi nesse dia que encontrei coragem para orar. Enquanto vivia naquele inferno, eu não conseguia contemplar nada divino, muito menos proferir uma oração. Não sei por que não pensei nisso antes, talvez devido à culpa que carregava por ter tirado minha própria vida.

Gradualmente, meus pensamentos começaram a mudar. Senti um vislumbre de esperança e lembrei das lições de adoração ao Divino. Comecei a orar, hesitante no início, sem saber que palavras dizer. Só conseguia lembrar fragmentos da oração do Senhor, mas implorei por perdão por minhas transgressões. Chorei até sentir meus olhos limpos, e foi então que vi o que pensei ser um anjo, um espírito abençoado, aproximando-se de mim.

Meus amigos, ofereço louvor pela benevolência do nosso Criador, que permite a um pecador como eu progredir para um lugar abençoado onde agora estou me curando. Quaisquer que sejam os desafios e dores que vocês enfrentem nesta vida, tenham certeza de que eles servem a um propósito e chegarão ao fim mais cedo do que podem imaginar. Sejam corajosos, fortaleçam-se com os ensinamentos sagrados disponíveis para vocês, exerçam paciência e confiem na Providência Divina.

E, por favor, lembrem-se deste humilde irmão em suas orações, para que um dia eu possa encontrar redenção. Com profunda gratidão por seu amor e atenção, este espírito em recuperação se despede de vocês.

20 | MIRIAM

AMOR À FILHA: CURANDO FERIDAS DO PASSADO

Fui convidada aqui hoje para compartilhar meu testemunho, entendendo a importância deste trabalho e a necessidade de voltarmos nossa atenção para o plano espiritual.

Minha criação foi comum, marcada pelas provações e tribulações típicas da infância. Ao entrar na vida adulta, encontrei felicidade ao começar minha própria família. No entanto, apesar da alegria ao meu redor, tive dificuldades em amar minha filha primogênita como ela merecia. Um sentimento de repulsa nublava minhas interações com ela, causando conflitos em nossa família.

Desesperada por uma solução, recorri à oração e busquei consolo na religião. Embora isso trouxesse uma paz temporária, meus sentimentos negativos ressurgiam, afetando profundamente minha filha.

Meus outros filhos começaram a perceber que eu a tratava de maneira diferente e a provocavam, afirmando ser meus favoritos e zombando dela ao dizer que eu não a amava. Ela sabia o que eu sentia, e eu podia sentir sua tristeza, mesmo enquanto me afastava cada vez mais. Eu queria amá-la e tentei mudar meu comportamento, mas não conseguia compreender ou explicar minha negatividade.

Incapaz de enfrentar ou entender minhas emoções, recorri ao álcool, buscando escapar do peso da culpa e do ressentimento.

Tragicamente, isso levou a um acidente de carro fatal, encerrando abruptamente minha vida terrena. Ao retornar ao reino espiritual, fui tomada por remorso e angústia, confrontada pelas consequências de minhas ações. Eu podia ouvir meus filhos chorando à distância, e meu marido me amaldiçoando por minha imprudência, enquanto minha filha mais velha, que sempre me amou, derramava lágrimas amargas.

Não posso determinar exatamente quanto tempo se passou, mas eventualmente fui levada a um lugar onde fui cuidada. Considero-me afortunada porque, gradualmente, comecei a me recuperar, embora os sentimentos de culpa e remorso permanecessem comigo.

Através dos ensinamentos espirituais sobre reencarnação, ganhei entendimento sobre a natureza cíclica da existência e a oportunidade de crescimento e reconciliação. Aprendi que conflitos não resolvidos de vidas passadas podem se manifestar em relacionamentos presentes, como foi o caso com minha filha.

Refletindo sobre uma vida passada onde éramos rivais, percebi a profundidade do meu ressentimento e o impacto que isso teve em nosso relacionamento. Apesar de prometer amá-la incondicionalmente em minha última encarnação, falhei em cumprir essa promessa.

Compartilho minha história para enfatizar a importância de reconhecer a realidade da vida espiritual e o processo de reencarnação. Muitos lutam com conflitos não resolvidos de vidas passadas, dificultando sua capacidade de amar e perdoar no presente.

Oro por força para liberar minhas emoções negativas e me reconciliar com minha filha em futuras encarnações. Que Deus me conceda a oportunidade de amá-la de todo coração e curar as feridas do passado.

Deixo vocês com esta narrativa pungente, mas esperançosa, confiando na misericórdia infinita de nosso Criador para nos guiar em direção ao perdão e à reconciliação.

21 | Jackson

UM TESTEMUNHO DE TRANSFORMAÇÃO ESPIRITUAL

Oh, céus! É bastante desafiador para mim estar aqui e falar sobre mim mesmo. Fui convidado para esta reunião para oferecer meu testemunho sobre a "vida após a morte", mas a tarefa está se mostrando mais difícil do que pensei inicialmente. Aceitei este convite na esperança de que talvez eu pudesse ajudar os outros, já que minha falta de compreensão sobre espiritualidade prejudicou meu próprio crescimento durante minha vida. Tentarei me abrir e compartilhar um pouco, mesmo que isso me faça sentir envergonhado.

Durante minha criação, não fui imbuído de fortes valores morais e coloquei maior importância nas posses materiais. Embora tenha recebido alguma orientações em relação a Deus, Jesus e comportamento ético durante minha educação inicial em uma escola católica, os ensinamentos nunca realmente ressoaram com minha alma. Todos aqueles rituais e crenças simplistas pareciam fora de lugar para alguém como eu.

Passei a acreditar que tinha que aproveitar o melhor que a vida tinha a oferecer para mim. Embora eu tivesse inúmeras oportunidades de ajudar os outros, acreditava que eles deveriam aprender a se defender, assim como eu estava fazendo. Eu só agia de acordo com meus próprios desejos, e olhando para trás, agora estou profundamente envergonhado de como esse modo de pensar era egoísta. Por que não nos ensinam que a verdadeira felicidade surge de atos altruístas, não importa o quão pequenos eles sejam?

Para mim, a vida era uma competição incessante. Competia com todos, inclusive comigo mesmo. Cada dia, eu tinha que me tornar melhor, mais rico, mais poderoso, de acordo com minha compreensão mundana. Não havia alegria genuína em viver, apenas a satisfação passageira de ter meus próprios desejos realizados. Até minha vida familiar permanecia insatisfeita porque negligenciei o simples prazer de amar aqueles ao meu redor. Que vida vazia eu levei, uma vida de completa inutilidade!

Inevitavelmente, o tempo trouxe um fim aos meus dias na Terra. Não vou incomodá-los com os detalhes da minha morte; foi insignificante. Retornei a este mundo sem nada. Todas as posses materiais que acumulei não tinham utilidade na vida que eu não possuía mais. O que eu tinha para mostrar pelo meu tempo e esforço neste planeta? Apenas minha indiferença e egoísmo. O que poderia apoiar um julgamento favorável? Não havia forjado nenhuma conexão emocional duradoura com ninguém. Desapareci na obscuridade, e ninguém sequer notou minha ausência. Nunca me senti tão insignificante e sem importância.

Vejo isso agora e compreendo meu fracasso. Eventualmente, fui levado a um lugar onde poderia começar um processo de reajuste. Experimentei a misericórdia de Deus através do cuidado amoroso e atenção que eu não merecia. Quem eram esses espíritos que me ajudavam e por que estavam fazendo isso? Fui informado de que eles simplesmente desejavam servir uns aos outros e que muitos deles passaram por um processo semelhante ao meu. Eles também experimentaram a misericórdia de Deus, e agora era a vez deles estendê-la aos outros. Comecei a entender e apreciar os benefícios dos atos altruístas.

Agora percebo o quão desafiador pode ser para alguém que ainda vive em um corpo físico e no mundo material aceitar a verdade da imortalidade da alma. Mas, se for possível manter uma mente aberta e guiar as ações com os princípios morais e éticos já predominantes na Terra, é possível retornar à existência espiritual em um estado muito melhor do que o meu.

Não negligenciem as oportunidades que a vida oferece para ajudar uns aos outros. Não zombem daqueles que cruzam seus caminhos trazendo uma mensagem mais profunda, pois eles têm o objetivo de levar a uma compreensão maior do verdadeiro propósito da encarnação. Eles são representantes enviados por Deus para auxiliar no crescimento espiritual de cada um. Desprezei todos eles em minha vida e agora me arrependo profundamente desse erro.

Espero que possam aprender com meus desenganos e escolher um caminho diferente para si mesmos. A verdade é claramente visível para aqueles que a buscam. Que sejam guiados pela sabedoria e misericórdia.

22

UM ESPÍRITO EM TREINAMENTO

Como posso sequer começar a transmitir o que vim a entender desde que deixei meu corpo físico para trás? É um desafio compreender quão rapidamente as coisas podem mudar, de onde eu estava para meu estado atual no desconhecido.

O tempo, como o conhecemos, não tem influência aqui. Conceitos de 'ontem' e 'amanhã' são desprovidos de significado, e para aqueles de nós que nos encontramos neste reino desolado de dor, não há orientação ou ajuda a ser encontrada. O desespero me envolve, mas meu orgulho permanece intacto. Como poderia eu, uma pessoa proeminente e respeitada, ter sido relegado a tal destino? Deve haver algum erro grave!

Eu suportei uma espera interminável, ansiando por ser despertado deste pesadelo aparentemente sem fim, apenas para perceber que não era um pesadelo; não estava preso em um sonho. É desafiador determinar a duração da minha estadia neste estado, mas estava indubitavelmente bem acordado, sem meios de escape.

Então, em um determinado momento, um grupo de pessoas passou por mim. Elas pareciam distintas do resto de nós neste lugar. Aproximei-me delas, e elas me informaram que estavam buscando indivíduos com boas intenções. Sem hesitação, implorei para me juntar a elas, pois qualquer coisa seria melhor do que permanecer onde eu estava.

Eles me levaram a um edifício que se assemelhava a um quartel, como os que se veem em filmes. Embora não fosse particularmente grandioso, era confortável e quente. Oh, como eu ansiava por uma refeição! Recebemos sopa e água, e depois fomos encaminhados aos chuveiros e camas para dormir. Não tenho certeza de quanto tempo dormi, mas ao acordar, senti-me muito mais revigorado.

Percebi que outros como eu também haviam se juntado a este grupo; éramos quatro. Um homem bondoso se aproximou e falou conosco, convidando-nos a segui-lo até um edifício próximo que se assemelhava a uma sala de aula. Lá, fomos informados explicitamente de que nosso tempo na Terra como seres vivos havia terminado. Todos nós agora pertencíamos ao mundo espiritual. Embora essa revelação não tenha sido uma surpresa para alguns, foi desconcertante.

Tivemos permissão para fazer perguntas, mas ficou evidente que não poderíamos retornar às nossas vidas anteriores. Fomos informados de que teríamos tempo para nos aclimatar a essa transição e que, assim que possível, poderíamos começar o trabalho de ajudar outros espíritos como nós. Eu estava ansioso para começar; a ociosidade não me agradava, e eu abracei a oportunidade de entender melhor meu entorno e minhas circunstâncias.

| 89

23 | JACK

A LUTA DE UMA CRIANÇA: SUPERANDO A DOENÇA E CONQUISTANDO A CURA ESPIRITUAL

Olá, eu sou Jack.

Fui convidado a vir aqui e compartilhar minhas experiências com vocês. Não sei exatamente o que dizer, mas posso contar sobre o medo e a confusão que enfrentei durante meus poucos anos de vida no seu plano de existência.

Estou plenamente ciente de que não pertenço mais ao mundo dos vivos, mas minha transição não foi tão traumática quanto se poderia esperar. Passei minha encarnação confinado de um hospital para outro. Meus companheiros constantes não eram crianças da minha idade, mas principalmente médicos, enfermeiros e, claro, meus pais. Sem irmãos, muitas vezes me sentia bastante solitário.

Para uma criança, é difícil compreender a doença. Eu me perguntava: "Por que não posso melhorar?" Mas, ao mesmo tempo, me sentia afortunado por receber todos os cuidados especiais e a atenção disponíveis para alguém na minha condição. No entanto, eu podia sentir a angústia que meus pais estavam passando e comecei a entender que o sofrimento mental pode, às vezes, ser mais difícil de suportar do que a dor física.

Eu esperava e orava fervorosamente, passando de um tratamento para outro, sempre em busca de saúde. Houve alguns meses de melhora seguidos por uma queda desanimadora. O tempo passava e meu corpo se transformava de criança em adolescente, mas não havia progresso em direção a uma cura permanente. Muitas vezes ouvi os médicos especulando que, pelo fato de eu já estar maior, poderia suportar melhor os tratamentos. No entanto, foi uma jornada difícil tanto para mim quanto para meus pais.

Pedi insistentemente aos meus pais que tivessem outro filho, acreditando que isso lhes traria felicidade e me proporcionaria um companheiro. Refletindo agora, entendo que talvez eles estivessem apreensivos com a possibilidade de ter outro filho com problemas de saúde. Eles não compreendiam que a genética por si só não determina a doença. Da minha perspectiva atual, posso ver que recebi o corpo que recebi porque meu espírito precisava que fosse assim.

Lembrar de tudo o que passei, particularmente do sofrimento dos meus pais, ainda me dói. Mas também reconheço que não foi em vão. Não faz muito tempo desde que retornei aqui e ainda estou a caminho da recuperação. No entanto, fui informado de que minhas experiências poderiam oferecer conforto àqueles que podem estar enfrentando uma situação semelhante à que minha família e eu enfrentamos.

Meus pais estão melhores agora. Eles aceitaram minha partida e agora têm um menino. Vou cuidar dele e garantir que ele traga alegria de volta ao nosso lar. Sinto-me melhor depois de compartilhar tudo isso com vocês.

Valorize seus entes queridos e aprecie a vida que você tem, pois ela é verdadeiramente projetada para lhe trazer realização.

24 | ISMAEL

ENCONTRANDO ILUMINAÇÃO NAS SOMBRAS DO REMORSO

Sou um espírito que cruzou o limiar da morte
carregado de remorso. Eu não tinha nenhum entendimento
prévio sobre qualquer coisa relacionada ao plano espiritual,
e onde eu me encontrava não fazia nenhum sentido para
mim. Eu havia chegado a um lugar que mais parecia as
profundezas da terra.

Apesar de estar rodeado por outros em um estado
semelhante, me sentia totalmente sozinho. É difícil
determinar quanto tempo suportei esse sofrimento, mas
parecia uma noite interminável de dor e desespero. Você
pode imaginar o tormento de não saber se algum dia haverá
um fim para seu sofrimento? Embora eu tivesse ouvido
falar do conceito de "inferno", esse lugar parecia ainda
mais aterrorizante, principalmente por causa da solidão
esmagadora que durou o que pareceram anos, talvez até
séculos.

Não posso dizer com precisão quanto tempo permaneci nesse estado, mas, eventualmente, a misericórdia da Providência Divina me alcançou. Comecei a considerar a ideia de buscar ajuda de um Poder Supremo do qual eu não tinha consciência antes. Temia não saber o que dizer e ser condenado ao sofrimento eterno. Lamentava não ter aprendido a arte da oração.

No entanto, comecei a entender que o poder da oração não reside apenas nas palavras, mas na intenção e nas emoções que acompanham essas palavras. Então, à minha maneira, iniciei uma conversa com o Criador. Revisei cenas do meu passado e, pela primeira vez, assumi total responsabilidade por minhas ações.

Em minha vida anterior, eu sempre era rápido em encontrar desculpas para meus erros, culpando os outros ou as circunstâncias pela minha infelicidade e transgressões. No entanto, naquele lugar escuro, não senti inclinação para me esconder das minhas próprias falhas. Uma força interior me compeliu a reconhecer meus pecados e, finalmente, sentir verdadeiro remorso. Reconheci o dano que causei aos outros e a extensão do meu egoísmo, que me levou às profundezas do desespero. Supliquei em desespero, desejando intensamente até mesmo o menor gesto de compaixão.

Questionei por que eu tinha sido tão indiferente às necessidades dos outros e tão relutante em oferecer ajuda, independentemente do sofrimento deles. Lamentei profundamente as oportunidades perdidas de estender a bondade, apesar de ter experimentado a necessidade eu mesmo. Agora, me encontrava no papel do mendigo mais desamparado, clamando pelos menores pedaços de sustento da vida. Essas realizações finalmente provocaram uma transformação no meu pensamento.

Eu não tinha compreendido a grandeza do amor e do perdão de Deus até aquele momento. Fui eventualmente levado a um lugar de bênçãos onde recebi assistência por muitas décadas. Agora entendo que é através do dar que se recebe verdadeiramente. Não sufoco mais meus impulsos compassivos e descobri a alegria de cuidar dos outros. Dedico-me a ajudar almas sofridas que se encontram na mesma situação lamentável em que um dia estive.

Meu trabalho me permite aceitar o apoio fornecido por todos aqueles que se dedicam ao bem maior, como vocês, nos centros espíritas de amor e iluminação. Muitos espíritos redimidos são trazidos até nós após participarem e receberem ajuda em seus encontros.

Hoje, encontro felicidade na realização de que posso ser útil. Embora reconheça que ainda tenho muito a aprender e melhorar, sou grato pela oportunidade de ajudar os outros. Aspiro a abraçar completamente o amor, como exemplificado por Jesus. Expresso minha gratidão por me permitirem trabalhar ao lado de vocês.

25

ENVOLVENDO-SE NA LUZ DO ALÉM: EXPLORANDO A VIDA APÓS A MORTE

Minha jornada para a vida após a morte começou prematuramente e em circunstâncias confusas, deixando-me desorientado e incapaz de compreender minha nova realidade.

Inicialmente, pensei que tinha sido raptado, pois fui abruptamente separado da minha família, minha casa e tudo o que me era familiar. Acusações de comportamentos passados que eu não lembrava ter praticado ecoavam ao meu redor, criando uma experiência surreal e aterradora.

De certa forma, fui realmente raptado, afastado dos meus entes queridos e dos sonhos que tinha para o meu futuro. A vida terminou cedo demais, e eu não conseguia entender por que merecia esse destino cruel, encontrando meu Criador tão precocemente. Além disso, minha chegada à vida após a morte não revelou nem um Criador nem os seres sagrados que eu esperava. Senti como se tivesse descido à loucura.

Se isso era a morte, por que não encontrei o paraíso prometido durante nossas vidas? Onde estava o céu? Talvez eu não o tivesse merecido, mas certamente não acreditava merecer o lugar infernal em que me encontrava. Esse lugar não se parecia em nada com o inferno descrito na igreja. Se isso não era a morte, então que tipo de encantamento me prendeu nesses sonhos delirantes?

Nada fazia sentido, e eu vagava sem rumo, sem orientação ou expectativas. Só sabia que precisava seguir em frente, enquanto testemunhava outras almas suportando condições ainda mais severas.

Não posso determinar o tempo que ali passei, mas finalmente, contemplei uma luz radiante que puxava minha essência, irresistível como uma força magnética. Apesar das sombras dentro de mim, rendi-me à atração, convencido de que essa luz oferecia um futuro mais promissor do que a escuridão que eu conhecia. Precisava da luz como uma flor precisa dos raios do sol para viver e se nutrir.

A transição em si permanece um borrão, como cair em um sono profundo e acordar em um lugar tranquilo e imaculado.

A gratidão que senti foi avassaladora. Fui cuidado, alimentado e tratado como um amigo, apesar de passar a maior parte dos meus dias descansando para recuperar minhas forças. Hesitava em fazer muitas perguntas, temendo que tivessem resgatado a pessoa errada e que eu pudesse ser lançado de volta ao abismo.

Pensava constantemente: "Eles devem saber quem eu sou!" Minhas dúvidas foram dissipadas quando me chamaram pelo nome, revelando que me conheciam. Aprendi que sua intervenção havia sido motivada pelas boas ações que realizei para pessoas profundamente gratas que me mantiveram em suas orações.

A vergonha que senti foi profunda. Por muito tempo, subestimei o poder da oração, considerando-a mera superstição ou um meio pueril de tentar garantir um lugar favorável na vida após a morte. Agora, encontrava-me em um mundo totalmente novo que nunca soube que existia.

Meu resgate permitiu-me contribuir para o bem-estar de outros espíritos, especialmente daqueles que permanecem alheios ao mundo espiritual. Minha transição foi inegavelmente desafiadora e, agora, reconheço o quanto poderia ter sido mais suave com um mínimo de conhecimento espiritual.

Não peço que se afastem da vida, mas que incorporem a oração e a contemplação em seu cotidiano. A vida continua além da morte, assim como um viajante se prepara para uma jornada a uma terra desconhecida, e é vital entender seu destino.

Deixo-lhes estas reflexões, com a esperança de que aqueles que leiam meu relato embarquem em seu caminho para a iluminação espiritual.

26 | Maggie

RENASCIMENTO ESPIRITUAL: ENCONTRANDO PROPÓSITO ALÉM DO DESESPERO

Cresci na pobreza, enfrentando privações severas. Na maioria dos dias, minha família não tinha nada para comer, e dependíamos da ocasional gentileza de estranhos. Quando recorremos a mendigar nas ruas, nos sentíamos como fardos para aqueles que passavam por nós. Eles pareciam ter tudo, uma vida de privilégios, e eu me ressentia de um mundo que parecia tão injusto.

A tentação de atender às minhas necessidades através de atividades condenadas pela sociedade logo me dominou. Passei a roubar, tornando-me bastante habilidoso nisso. Oferecia-me para participar dos prazeres da carne. Para alguém que nunca possuíra nada, era emocionante satisfazer meus desejos, frequentar festas com roupas bonitas e desfrutar da atenção. O dinheiro fluía, favores eram concedidos, e nesses momentos, eu me sentia como se pertencesse!

Eu desejava cada vez mais. Esqueci minhas lutas de infância e me desconectei do meu passado, adotando uma atitude de desprezo em relação aos menos afortunados. À medida que deixava minha juventude para trás, comecei a perder as vantagens que haviam sido minha única fonte de renda. Minha falta de visão me levou a acreditar que nunca voltaria a uma vida de pobreza. Tal era minha ilusão. A ampulheta do tempo estava se esgotando, e minha vida, construída sobre uma base instável, desmoronou.

Alguns amigos caridosos impediram-me de voltar às ruas, mas minha beleza murchou, meus sonhos desintegraram-se, e minha saúde deteriorou-se rapidamente. No final, retornei ao mundo espiritual em um estado de negação. Nunca havia reconhecido verdadeiramente os fardos da pobreza, em vez disso, culpava os outros por minhas próprias escolhas.

104 |

Décadas se passaram nesse estado de torpor, até que eu finalmente me rendi e percebi o vazio em meu coração.

Nunca aprendi a orar adequadamente, duvidando da existência de um Deus que pudesse permitir tanto sofrimento na Terra e que parecia nunca ter ouvido as minhas súplicas. Apesar da minha raiva e desafio, fiz uma simples oração pedindo ajuda, que nasceu do desespero. Deus, em Sua infinita misericórdia, respondeu, envolvendo-me em uma calma reconfortante. Adormeci profundamente, acordando em um lugar diferente, cercado por almas em um abrigo semelhante a uma tenda. Uma enfermeira compassiva informou-me que uma nova fase da minha existência estava começando, oferecendo o alívio tão necessário.

Não consigo determinar quanto tempo havia se passado, mas senti-me mudando. O medo dissipou-se, substituído por um senso de segurança e cooperação. Engajei-me em trabalhos significativos ao lado de outros, servindo àqueles que chegavam em estados deploráveis. Pela primeira vez, senti a satisfação do trabalho honesto.

Não mais confinado àqueles barracões, agora sirvo em um hospital para recém-chegados, encontrando meu propósito. Entendo os motivos por trás da minha vida passada e suas lições. Embora eu devesse ter escolhido um caminho diferente, o arrependimento não é mais necessário. Em vez disso, estou me preparando para retornar a uma vida na carne, uma escolha que fiz.

Acompanho o progresso espiritual na Terra e busco compartilhar minhas experiências com vocês para melhor equipá-los para suas próprias provações. Lembrem-se de que sua vida tem um propósito e vocês não precisam sofrer sozinhos. Uma simples oração ajudou-me a romper meu ciclo. Abracem o poder da oração; Deus ouve. Sejam gratos por suas experiências, e sua vida eterna prosperará. Sigam em paz.

27

A REDENÇÃO DE ROY: UM ATORMENTADOR DE ALMAS

Apresento-me esta noite para oferecer meu | 107
relato pessoal. Assim como muitos espíritos aqui estão
compartilhando suas experiências terrenas e suas
subsequentes transições, pretendo fornecer uma visão
concisa da minha própria história. Fui informado de que,
ao compartilhá-la, poderia não apenas liberar as memórias
que me assombram há tanto tempo, mas também oferecer
assistência àqueles que possam lê-la.

Devo admitir, com o coração pesado, que fui
um atormentador de almas – um daqueles espíritos
desorientados conhecidos como obsessores, que às vezes
encontram seu caminho em reuniões mediúnicas.

Meus problemas começaram ainda jovem. Nunca
me encaixei bem com minha família, nem me senti
pertencente a qualquer outro lugar. Após o casamento,
senti um breve período de realização, mas isso também se

mostrou passageiro. Logo, voltei a ser meu eu amargurado, um indivíduo ressentido que culpava o mundo por minhas desventuras. Prematuramente, aos cinquenta e poucos anos, meu coração falhou, levando-me do mundo dos vivos.

Como podem imaginar, minha transição para a existência espiritual esteve longe de ser fácil. Passei anos vagando, consumido pela raiva, amaldiçoando e culpando os outros. Encontrei espíritos que pareciam almas afins, atraídos pela minha rebelião e caos, e fui facilmente seduzido para suas fileiras e suas buscas malévolas. Foi só mais tarde que percebi o grave erro de meus caminhos.

Fui treinado para infiltrar as mentes dos vulneráveis e imprudentes, usando e abusando deles para meu divertimento, tudo para alimentar meu senso de poder. Causei danos por muito tempo, mas eventualmente, meu estado de perturbação não pôde mais ser ignorado. O peso de minhas transgressões começou a me esmagar.

Um dia, encontrei-me dentro de um centro espírita. Não estou certo de como cheguei a essas reuniões, mas minha reação inicial foi decididamente negativa. Sentia desprezo tanto pelos desencarnados quanto pelos seguidores encarnados de Cristo que encontrei lá, e fiquei contente em partir.

Meu sarcasmo era evidente, e eu não tinha intenção de voltar, mas continuei sendo inexplicavelmente atraído de volta. Foi só mais tarde que soube que o indivíduo que eu estava encarregado de prejudicar era o mesmo que me compelia a retornar. Acreditava ser um mestre manipulador dos pensamentos dos outros, mas era eu quem estava sendo atraído, contra minha vontade, para este lugar.

Um dia uma força incomum tomou conta de mim, e me vi falando através de um dos médiuns, usando sua voz e expressão para me comunicar. Eu estava falando, mas parecia estranho. Eu era quem articulava as palavras, mas a voz e a linguagem pareciam estranhas. Sentia uma forte vontade de gritar e amaldiçoar a todos, mas também experimentava uma mistura complexa de sentimentos. No fundo, percebi que isso poderia servir como minha rota de fuga.

Relutantemente, engajei-me no diálogo (através de médium encarnado), e logo depois, caí em um sono profundo. Quando acordei, estava em um lugar completamente diferente do que conhecia por tanto tempo. Tive que passar por um longo processo de recuperação e, posteriormente, comecei a reavaliar minha forma de existência.

Hoje, expresso minha gratidão e encorajo a continuidade do trabalho de auxílio a almas perdidas como eu. Este trabalho é inestimável, não apenas aos olhos do mundo encarnado, mas também para nós, espíritos imortais e eternos.

Que todos sejam abençoados. Estou à disposição para ajudar no que puder.

28

ELEVANDO-SE ALÉM DO DESESPERO: O CAMINHO PARA A RENOVAÇÃO

Venho aqui com um coração cheio de gratidão para compartilhar meu testemunho pessoal.

Não faz muito tempo, ao retornar ao plano espiritual, encontrei-me em um estado de total confusão. Perguntei a mim mesmo: "Onde estou?" Tudo parecia uma tela em branco. Não tinha lembrança do que havia acontecido, do paradeiro de meus entes queridos ou do destino da vida que um dia conheci.

Naquele momento desorientador, podia ver e ouvir outros que, assim como eu, estavam perdidos em um lugar desolado e triste. O ar estava pesado com choros, maldições, gritos e surtos de risadas insanas. Ninguém parecia compreender a situação, e os sons daqueles que tinham perdido a sanidade eram os mais perturbadores de todos. Nem mesmo o Inferno de Dante poderia capturar o verdadeiro horror disso.

Senti como se tivesse descido à loucura, e o desespero me consumiu. Parecia desleixado, como alguém que não tomava banho há meses, vestido com trapos esfarrapados. A visão e o cheiro da minha carne em decomposição eram repulsivos. Embora o tempo não tivesse significado, parecia uma eternidade de inferno, sem as chamas que eu teria acolhido para aquecer meu corpo dolorido e dissipar a profunda escuridão.

Embora eu possa contar essa experiência agora, meu tempo lá foi vazio de pensamentos racionais. Não sei precisar o tempo que se passou, mas eventualmente, um grupo de espíritos se aproximou em uma caravana, carregando tochas e nos reunindo. Eles me levaram junto com eles.

Não se pode imaginar o alívio que senti ao finalmente dormir e despertar em um lugar seguro, embora ainda estivesse perdido, cercado por muitos espíritos que, assim como eu, estavam doentes. Minhas emoções variavam de vergonha e tristeza a felicidade e gratidão, criando um tumulto dentro de mim que dificultava minha recuperação.

Finalmente, os espíritos benevolentes me informaram que me guiariam para um lugar onde eu poderia encontrar ajuda e consolo para meu espírito perturbado. Eles me levaram ao centro espírita, e isso, de fato, foi uma bênção. Depois que tivemos a chance de nos comunicar, permaneci conectado a esse lugar. Compreendi o conceito de imortalidade e percebi que sou um espírito.

Agora, sempre que possível, visito o centro espírita para aprender e retribuir a assistência que me foi dada. Oro para que continuem este nobre trabalho que tanto me beneficiou. Que encontrem paz e persistam em espalhar o amor e a luz de Jesus!

29

A JORNADA DE UMA ALMA EM BUSCA DA ILUMINAÇÃO

Muitas vezes nos perdemos nas trivialidades da nossa existência terrena, entregando-nos aos prazeres mundanos sem restrição. Eu também caí nessa armadilha, ficando tão envolvido nas delícias da vida que perdi meu caminho.

O momento de acerto de contas veio quando percebi que meu comportamento imprudente e meu ego inflado me desconectaram do que realmente importava. O despertar foi doloroso, e mal pude aceitar a devastação que causei a mim mesmo.

A transição para além do mundo dos vivos trouxe uma agonia insuportável. Ainda mais doloroso foi confrontar o rastro de sofrimento que deixei para trás. Eu podia sentir o desespero dos meus pais, questionando o que haviam feito para me conduzir a um caminho tão desviado. A culpa e o remorso me atormentavam.

O caminho para a redenção é desafiador, mas agora entendo o que é necessário de mim e estou pronto para embarcar em uma jornada de transformação interior. Humildemente, peço suas orações e perdão.

Aos meus pais, ofereço um pedido sincero de perdão pela angústia que causei a eles. Espero por uma futura oportunidade de retornar a eles como o filho amoroso que merecem.

Não estamos nesta Terra apenas para a autoindulgência ou a busca de prazeres mundanos. Nosso verdadeiro propósito é encontrar a felicidade duradoura, que não pode ser encontrada nas profundezas dos nossos desejos mais mundanos ou através de uma vida irresponsável.

Vamos encontrar alegria na nossa juventude e contentamento nos prazeres mais simples da vida. Aprendi minha lição e agora rezo por uma chance de cultivar minha força interior.

30

TORRES GÊMEAS: BUSCANDO A LUZ NAS SOMBRAS DO 11 DE SETEMBRO

Foi um dia que ficou marcado pelo horror, começando
como qualquer outro no ritmo frenético da cidade de Nova
York. O sol lançava seu brilho convidativo, prometendo
um dia agradável. Em meio à correria da semana, a cidade
pulsava com urgência enquanto as pessoas se apressavam
para seus locais de trabalho, navegando por metrôs lotados
e ônibus atrasados em meio à cacofonia do tráfego.

Entre os passageiros estava eu, atravessando de
Nova Jersey por transporte público. Mesmo para aqueles
acostumados à sua grandeza, a cidade nunca deixava de
impressionar com seu horizonte imponente, sirenes de
veículos de emergência ecoando e a sinfonia de buzinas
de carros. Cada cintilar de luz parecia carregar seu próprio
som distinto.

Eu ocupava uma posição promissora para alguém
da minha idade, contente em contribuir para o prestígio

de Nova York, trabalhando em um de seus marcos mais icônicos, o World Trade Center. Mal sabia eu que aquela manhã fatídica marcaria para sempre o dia 11 de setembro.

À medida que o dia de trabalho começava, alguns já estavam acomodados em suas mesas, enquanto outros se demoravam com seus cafés da manhã. De repente, um rugido ensurdecedor quebrou a rotina, inicialmente confundido com um terremoto. O pânico se instalou enquanto gritos enchiam o ar, minha própria voz se juntando ao coro de confusão e medo. O cheiro penetrante de fumaça e poeira, juntamente com alarmes estridentes, sinalizavam que aquilo não era um simples exercício de incêndio.

Então, o impensável ocorreu – um golpe devastador que nos deixou a todos atordoados. O desespero pairava no ar, paralisando-nos de pavor enquanto tentávamos compreender o caos que se desenrolava. Não demorou muito para que o edifício vizinho começasse a desmoronar, um espetáculo de destruição que nos levou à porta em um nevoeiro de apreensão e curiosidade.

Desmaiei, incapaz de compreender o mundo ao meu redor por um tempo que parecia uma eternidade. Apesar do caos, meu corpo permaneceu intocado, um milagre aparente em meio à turbulência. Como poderia sair ileso de tamanha devastação? Era uma pergunta que pairava enquanto eu mais tarde aprendia sobre o destino que se abateu sobre as Torres Gêmeas – percebendo, para minha surpresa, que eu estava entre as vítimas.

A revelação foi um choque, uma realidade que nunca imaginei que aconteceria. No entanto, em meio à turbulência, encontrei orientação e instrução sobre a vida além da morte, um mundo que simplesmente chamamos de vida aqui. É surpreendente testemunhar o apoio que foi oferecido a todos os afetados naquele dia – ajuda orquestrada por espíritos benevolentes, que estavam à disposição para nos confortar e guiar.

Tive a oportunidade de conversar com alguns dos que pereceram, que compartilharam suas experiências de transição para o plano espiritual e de reencontro com entes queridos. É um testemunho da importância de nutrir nossas almas com sabedoria espiritual. Tal conhecimento não apenas nos ajuda em nossa existência terrena, mas também nos prepara para a jornada ao plano dos espíritos.

Vivam, mas vivam sabiamente – com um olhar voltado para o crescimento espiritual, para que, mesmo na morte, possamos encontrar alegria no plano espiritual.

| 117

31 | JACKELINE

A DESCOBERTA DO ESPÍRITO

Vaguei sem rumo, sem direção, em um lugar desconhecido e desorientador. Rostos passavam, todos tão perdidos quanto eu, aumentando minha confusão. Seria isso um sonho ou uma realidade além do meu alcance? Apesar dos meus esforços, não conseguia despertar desse enigma.

O tempo parecia escorregar, deixando-me à deriva e impotente. A consciência desapareceu e sucumbi ao esquecimento, perdendo toda a noção de mim mesmo.

Ao acordar, encontrei-me em um ambiente estranho. A atmosfera estava carregada de gritos de angústia, refletindo o caos dentro de mim. O cansaço pesava sobre mim, mas meu instinto primordial era desvendar o mistério que envolvia meu novo entorno.

Uma enfermeira cuidadosa se aproximou, atendendo-me com gentileza e lavando o cansaço do meu corpo. Naquele momento, tomei consciência do meu estado físico. Com a nutrição fornecida e uma cama para descansar, lentamente senti-me revitalizado.

No entanto, apesar desses confortos, minha mente girava com perguntas. Como fui arrancado da minha existência confortável para este reino de sofrimento?

O conforto veio na forma de promessas de que as respostas viriam com o tempo e a paciência.

Só mais tarde compreendi a realidade: eu havia partido do mundo dos vivos. Fui esclarecido, tendo testemunhado em primeira mão que a morte não era o fim da vida.

Embora inicialmente à deriva na angústia, em meio às minhas lutas, encontrei consolo no amor e na compreensão. A cada passo em direção à recuperação, reconheci que essa jornada não era nova para mim; eu já havia percorrido esses caminhos espirituais antes. Guiado por almas cuidadosas, embarquei no caminho da recuperação.

Minha aspiração sincera é ajudar os outros com minhas humildes experiências. Teria facilitado muito minha própria jornada se eu entendesse, em vida, que a existência continua além do plano físico.

Devemos nos preparar para essa jornada cultivando virtude e buscando sabedoria além do visível. Compreender nossa natureza imortal me proporcionou um profundo conforto.

Que recebam minhas palavras com mente aberta e se preparem para a viagem ao grande além.

32 | JAMIE

ECOS DE ARREPENDIMENTO

Oh, Pai Celestial, confesso o quão reprovável eu fui! Vós, em vossa infinita graça, me concedestes inúmeras oportunidades, perdoando-me repetidas vezes pelos pecados que eu vergonhosamente repetia.

Fui uma criança ingrata, alheia ao valor da oração e à vossa assistência divina. Em minha arrogância, desprezava aqueles que acreditavam em vós, considerando sua fé ingênua. Como alguém poderia acreditar na vossa existência?

Eu não precisava de sabedoria acadêmica para observar a aparente evidência de vossa ausência ao meu redor. O mundo parecia cheio de instintos primitivos, ambições, disputas e guerras, tudo aparentemente incompatível com um Deus misericordioso. Não fazia sentido para mim.

Agora entendo a profundidade do meu erro, embora isso tenha me ocorrido tarde demais, além do plano físico.

Não consegui apreciar as bênçãos diárias e os pequenos presentes que a vida me concedia – saúde, família, amigos, oportunidades, até mesmo recursos financeiros – tudo subestimado e desprezado.

O arrependimento e a realização vieram tarde demais para mudar meus caminhos. Minha oração hoje, Pai misericordioso, é por uma chance de reencarnar, para fazer melhor uso do precioso presente da vida que vós me destes.

Sou grato pela oportunidade de compartilhar meu remorso, esperando que meu humilde e sincero testemunho possa beneficiar outras almas perdidas como eu.

Obrigado, Pai.

33

ESSÊNCIA ETERNA: DESVENDANDO A REALIDADE DA IMORTALIDADE

Fui convidado a abordar o tema da imortalidade com vocês hoje. | 123

Nossos corpos não são quem realmente somos. Eles servem como vasos temporários, permitindo-nos expressar e adquirir experiência e conhecimento durante nossa jornada terrena. Embora nossos corpos sejam inestimáveis, são, em última análise, instrumentos impermanentes.

As qualidades que frequentemente associamos aos nossos atributos físicos, como inteligência e emoções, são, na verdade, atributos do espírito eterno que habita em nós. Compreender isso é fundamental para entender nossa verdadeira natureza.

Ao retornar ao mundo espiritual, recuperamos a plena consciência. O processo de transição pode variar de uma pessoa para outra, mas todos os espíritos passam por um período de adaptação antes de compreender seu novo ambiente.

Embora possa haver especulações sobre espíritos se reunindo com base em suas inclinações terrenas, sejam artistas, filósofos ou religiosos, minha experiência sugere uma realidade diferente. Os espíritos são colocados em locais condizentes com seu desenvolvimento espiritual, determinado por suas ações em vida.

Nesses locais espirituais apropriados, encontramos espíritos afins, de maneira semelhante à forma como fazemos amigos na Terra. Quando retornamos ao mundo físico, temos a oportunidade de viver com maior iluminação e abrir nossas mentes para o extraordinário.

Esse progresso aguarda aqueles que levaram vidas justas. Não desperdicem essa chance! Como muitos de vocês, naveguei pelas provações da vida sem prestar muita atenção à espiritualidade ou ao conhecimento que poderia ter enriquecido minha última jornada terrena. Apesar disso, estou cheio de gratidão, pois agora entendo que o termo "após a morte" é uma mera expressão. Na verdade, perduramos por toda a eternidade.

34 | PADRE MARK

REFLEXÕES DE UM PADRE SOBRE A VIDA APÓS A MORTE

Estendo minhas saudações respeitosas a todos vocês.
Uma compilação de vozes do além não estaria completa sem a perspectiva de um padre, por isso fui convidado a compartilhar minha experiência após a partida do meu corpo físico.

Meu nome é Padre Mark e, como representante devoto da Igreja, minha vida foi imersa em tradições monásticas. Dediquei-me de coração à minha humilde paróquia no estado do Alabama. Com o tempo, os laços com meus paroquianos os transformaram em minha família querida. A profunda confiança e o amor que compartilhávamos eram, sem dúvida, uma manifestação da graça de nosso Senhor, Jesus Cristo.

No entanto, meu corpo físico nem sempre foi gentil comigo. Doenças frequentes me forçavam a afastar-me dos meus deveres pastorais. Apesar dos esforços sinceros dos paroquianos para aliviar minha dor, minha saúde continuou a declinar e, por fim, sucumbi à morte.

Não posso expressar adequadamente a realização avassaladora de que já não se pertence ao reino dos vivos. Como padre, minha fé me levava a acreditar que eu iria para o Céu, mas neste pós-vida, não encontrei nem Céu nem Inferno. Fiquei a ponderar se estaria no Purgatório, uma ideia que me deixava perplexo, pois havia dedicado toda a minha vida a servir aos outros.

Entre meus colegas padres, descobri espíritos afins que estavam igualmente maravilhados com o que testemunhavam. Parecia tanto com a Terra que eu podia ver paisagens com edifícios e pessoas diligentemente trabalhando. Não encontrei o Céu ou o Inferno, mas verifiquei a grandiosidade da obra do Pai. Essa nova perspectiva me fez entender que a jornada espiritual é contínua e que a obra de Deus se manifesta em todas as dimensões da existência.

35

UM CONVITE AO SENTIDO MAIS PROFUNDO DA VIDA

Alguns de nós atravessamos a vida sem nos preocuparmos com as antigas questões da existência: De onde viemos? Por que estamos aqui? Para onde vamos? O que existe além? Muitas vezes, consideramos essas perguntas complexas e sem respostas definitivas. Eu também pensava assim. Questionava a necessidade de compreender os conceitos de um 'antes' ou 'depois'. Como as respostas a essas perguntas poderiam melhorar minha existência terrena? Meu foco estava apenas no presente, e isso já parecia suficientemente desafiador.

No entanto, o abraço implacável da morte eventualmente me alcançou, como alcança a todos. Tive a sorte de desfrutar de uma vida longa e plena. Ao retornar ao mundo espiritual, embora minha jornada não estivesse cheia de lutas nas regiões de sofrimento, reconheci claramente como minha indiferença havia prejudicado meu progresso.

Agora é evidente para mim que poderia ter feito avanços significativos, cultivando uma preocupação mais profunda com meu futuro como espírito imortal. Minhas prioridades deveriam ter se voltado dos bens materiais, que não pude levar comigo, para as qualidades duradouras que permaneceriam como meus maiores tesouros.

As perspectivas humanas estão evoluindo, e temas que antes eram considerados tabus ou evitados, como o conceito de vida após a morte, estão sendo cada vez mais aceitos pela geração atual. Assim, faço um convite para que comecem a contemplar a noção de que esta vida atual que estão vivendo não é a totalidade da existência. A realidade inegável é que a vida do espírito persiste mesmo após a morte do corpo físico.

Ah, como me arrependo do tempo que desperdicei! Todos poderiam levar uma vida profundamente enriquecedora se se abrirem para minhas palavras. Incorpore valores espirituais em sua existência diária, cultivando-os para encontrar realização não apenas no presente, mas também na vida que aguarda além.

36

DESCOBRINDO O SENTIDO DA VIDA

Muitos de nós percorremos a vida sem estar conscientes de nossa verdadeira essência. Acreditamos que o mundo tangível, aquilo que podemos ver e tocar, é a totalidade da existência. Assuntos relacionados ao reino dos espíritos são geralmente descartados ou ignorados.

Às vezes, podemos expressar uma curiosidade passageira por fenômenos que desafiam a explicação lógica. Podemos até considerar explorar tais assuntos, desde que isso não exija mudanças em nosso modo de vida atual.

Infelizmente, investimos nossa fé em valores que frequentemente carecem de verdadeiro mérito e canalizamos nossa energia em atividades transitórias. Como, então, podemos redirecionar esse comportamento e começar a contemplar o que realmente possui um significado duradouro?

Esse despertar geralmente ocorre quando nossa existência terrena se aproxima do fim e tudo o que conhecíamos começa a desaparecer. A duração de nossa vida física é breve. O plano espiritual emerge como nossa nova realidade, exigindo uma recalibração de nossos valores para se alinhar a uma dimensão que verdadeiramente perdura, pois esta é a de maior importância. Somos seres imortais, espíritos destinados à perfeição. Um dia, purificaremos e dominaremos nossas emoções e obteremos um conhecimento abrangente de tudo o que existe.

Devemos ansiar pelo dia em que todos os habitantes da Terra compreendam essas verdades profundas. O progresso será alcançado mais rapidamente, e a vida se tornará muito mais gratificante.

Durante meu tempo na Terra, tive essa oportunidade, mas, infelizmente, desperdicei essa preciosa chance de avanço. Permiti-me ser enredado pelas amarras das posses materiais. Agora que retornei aqui, minha perspectiva se tornou mais clara e aguardo o momento em que poderei voltar ao mundo físico, pronto para colocar em prática tudo o que aprendi. Será uma jornada longa e que demandará muita disciplina, mas um passo monumental rumo à minha renovação espiritual.

Que vocês sejam agraciados com o dom da clareza! Libertem-se das amarras da ganância e do egoísmo, e logo vislumbrarão a vida a partir de uma perspectiva mais iluminada.

37 | JULIAN

CONFIRMANDO A INEXISTÊNCIA DA MORTALIDADE

A transição para o outro lado da vida é uma experiência profunda e surpreendente. Num momento, você está vivo, e no seguinte, já não está. É um enigma, pois você descobre que ainda possui um corpo, embora diferente daquele que lhe serviu por tanto tempo. Você pode sentir, pode chorar, mas até mesmo suas lágrimas são distintas das que derramou no plano terrestre. Você existe, mas não mais entre os chamados vivos.

Esta passagem é inegavelmente desafiadora para quem não tem conhecimento sobre a continuidade da vida. Mesmo aqueles que obtiveram informações sobre o plano espiritual através de livros descobrem que a experiência é muito diferente e ainda assim apresenta suas próprias dificuldades.

Para mim, o aspecto mais agonizante, superando a dor da chamada "morte", foi a angústia da separação dos meus entes queridos. Eu podia sentir o desespero deles, alheios ao fato de que nossas vidas continuam. Partiu meu coração não poder gritar para eles, não poder transmitir que a morte é uma mera ilusão, que nunca estamos separados, e que meu amor por eles se aprofundou imensuravelmente, sem o filtro da essência material.

Imploro que levem essa verdade reconfortante ao mundo. Além daqueles que encontro aqui, inúmeras almas continuam a sofrer a angústia da separação, privadas de esperança e consolo. Abram seus olhos, acalmem sua dor e, com a graça de Deus, um dia, quem sabe, eu poderei ter o privilégio de me juntar a vocês e os sustentar nesta nobre missão. Que Deus os auxilie em seus cometimentos!

38 | ALFRED

DE UM ESTADO DE CONFUSÃO À GRATIDÃO

Tenho participado regularmente de seus encontros há bastante tempo e quero expressar minha sincera gratidão pelos imensos benefícios que obtive. Lembro-me vagamente da minha chegada inicial aqui, um momento em que eu estava completamente perplexo e desorientado. Não conseguia entender onde estava ou quem eram todos vocês. Eu lutava com a dura realidade da minha própria morte e não acreditava em uma vida após a morte.

Com o tempo, a verdadeira natureza da minha existência se tornou cada vez mais clara. A ampulheta da vida terrena se esgota rapidamente e, antes que percebamos, estamos à beira desta existência alternativa.

Agora, compreendo o significado desta jornada e lamento profundamente o tempo que desperdicei acumulando posses materiais efêmeras que nunca poderiam trazer contentamento duradouro.

Hoje, estou diante de vocês, grato e sem medo. Através da sua orientação, estou ganhando iluminação e me preparando para uma nova oportunidade de retornar à Terra, pronto para compartilhar meu entendimento dos valores espirituais com os outros.

Desejo fervorosamente que cada um de vocês encontre a força que eu nunca tive, para progredir no caminho da retidão e espalhar esta luz divina por todo o mundo. Que as bênçãos de Deus estejam sobre todos vocês!

39

DA LUTA À SERENIDADE: FÉ E RESILIÊNCIA

Olá, gostaria de compartilhar minha história com vocês.

Nasci de pais imigrantes que vieram para a América, com sonhos de uma vida melhor. Naquela época, era mais fácil conseguir oportunidades para quem estava disposto a trabalhar duro.

Meus pais encontraram um pedacinho de terra onde o dono os tratava bem, mas ainda enfrentavam muitos desafios. Às vezes, as colheitas não davam lucro e a fome era uma presença constante. Não consegui estudar por causa das nossas dificuldades financeiras. Só os mais privilegiados podiam frequentar a escola e ter os livros e materiais necessários.

Como filho único, tive que assumir as responsabilidades de casa quando a saúde do meu pai piorou depois de um derrame, que o deixou incapaz de trabalhar nos campos. A única coisa que meus pais trouxeram de sua terra natal foi a fé. Mesmo com tantas dificuldades, minha mãe sempre nos chamava para rezar.

Nos momentos de fome e outras necessidades, nossa fé era o que nos sustentava. Muitas vezes, em vez de uma refeição completa, tínhamos uma oração para alimentar nossos corações e nos dar força.

Preciso ser honesto e dizer que muitas vezes desejei uma vida melhor. Houve momentos em que até questionei a existência de Deus. Como podíamos, sendo tão sinceros e devotos, passar por tanta dificuldade?

A vida continuou e, logo, meu pai não aguentou mais. Minha mãe também nos deixou cedo por causa da tristeza.

Eu continuei, fazendo o que precisava ser feito, mantendo nossas tradições e a chama da nossa fé acesa. Meu despertar espiritual me fez entender algo que eu nunca imaginei: uma vida cheia de privilégios não é necessária para Deus abrir as portas do Céu. Às vezes, é justamente uma vida cheia de desafios que revela o paraíso diante dos nossos olhos.

O tempo passou e agora estou acompanhando meus pais na jornada de volta à vida na Terra. Sim, eles vão enfrentar novos desafios, mas desta vez, a vida não será tão dura.

Quanto a mim, espero ansiosamente o dia em que nos reuniremos novamente, onde nosso amor continuará a crescer ainda mais forte.

Que a paz esteja sempre presente

PARTE DOIS
MENSAGEM DOS MENTORES

40 | Stanislaus da Bavaria

UM CONVITE AO ALTRUÍSMO

Irmãos e irmãs, ao longo dos anos, observamos uma ampla gama de condições naqueles que retornam ao reino espiritual após suas vidas terrenas. Essas diferenças podem ser atribuídas às suas crenças durante sua última encarnação ou à influência de suas respectivas nacionalidades e culturas. No entanto, o que realmente importa é o que está no cerne de seus corações.

Muitos indivíduos na Terra permanecem focados na competição e no sucesso material, dedicando pouco tempo ao desenvolvimento de suas vidas espirituais. Como resultado, frequentemente fazem a transição para a vida após a morte em um estado de profunda ignorância. Aqueles que mantiveram crenças equivocadas podem carregar o fardo de seus enganos.

Alguns chegam em busca do céu que lhes foi prometido, enquanto outros esperam que os anjos os conduzam à bem-aventurança eterna. Alguns ressentem-se por serem enviados aos planos inferiores, acreditando erroneamente que seus atos ocasionais de caridade devem assegurar seu lugar na vida após a morte. Mesmo aqueles que desfrutaram de consciência espiritual durante sua existência terrena muitas vezes retornam com grandes expectativas, presumindo que o conhecimento por si só lhes garantirá acesso aos planos espirituais superiores.

É desanimador testemunhar esta congregação de irmãos e irmãs que, de várias maneiras, foram desviados por ensinamentos falsos ou por suas próprias concepções errôneas. Eles falham em reconhecer o esforço substancial necessário para melhorar suas vidas espirituais no além. Abraçar ensinamentos superiores é essencial, mas igualmente importante é servir aos outros de maneira altruísta, sem expectativa de ganho pessoal.

140 |

Irmãos e irmãs, não desperdicem seu tempo! Busquem oportunidades para ajudar os outros, mesmo enquanto dormem. Ao preparar seu espírito antes de dormir, vocês podem se juntar às fileiras dos espíritos que incansavelmente auxiliam aqueles que precisam.

Sigam o nobre exemplo de Jesus e de seus seguidores dedicados; sirvam seus semelhantes sem questionar suas crenças ou esperar que adotem as suas.

A lei universal está enraizada no amor puro: amor a Deus, amor aos ensinamentos de Cristo e amor às suas almas irmãs. Que vocês se sintam em paz hoje e para sempre!

41 | FREDERICK

ENCONTRANDO A SABEDORIA DIVINA

Irmãos e irmãs, se pudéssemos obter uma perspectiva mais clara do passado, nos encontraríamos fazendo perguntas completamente diferentes e enfrentando um conjunto único de desafios. Em vez de nos determos nas dificuldades da vida, abraçaríamos os obstáculos diários que surgem em nosso caminho com maior aceitação.

Ao reconhecer que Deus nos concedeu as ferramentas essenciais para o avanço de nossos espíritos, fortaleceríamos nossa fé em Seu plano divino. Não questionaríamos mais nossa capacidade de transformação, pois testemunharíamos as profundas mudanças pelas quais já passamos.

Amigos queridos, encontrem paz diante de seus desafios, sofrimentos e dos obstáculos que encontram em sua jornada. Depositem sua confiança em seu entendimento espiritual e avancem com convicção. Continuem plantando as sementes da iluminação e do amor, sabendo que elas os guiarão para dias mais luminosos.

Estamos aqui para oferecer nossa assistência e apoio ao longo deste caminho. Sigam em frente em paz, pois Deus é amor!

42 | ANTONIO

TEMPO DIVINO E AS RECOMPENSAS DA PERSEVERANÇA

Não se sintam impelidos pela busca incessante em desvendar os mistérios da existência. Compreendam que tudo tem o seu tempo perfeito. Assim como o fruto amadurece quando está pronto e não deve ser colhido prematuramente, tenham fé no tempo divino de todas as coisas. Tolerem os desafios e as decepções que surgem em seu caminho, pois no plano espiritual, estamos diligentemente preparando o solo para receber as sementes de sua fé. O progresso pode ser gradual, mas tenham a certeza de que estamos trabalhando ativamente em seu favor.

Compreendemos sua ansiedade, queridos irmãos e irmãs, e queremos assegurar-lhes que a situação não é negligenciada. Permaneçam serenos e não percam a esperança, pois no tempo certo, seus esforços darão frutos. Abençoados são aqueles que persistem mesmo quando os resultados não são visíveis, dedicando-se com devoção sincera. A alegria de colher as recompensas de seu trabalho elevará suas almas de maneiras que talvez não possam compreender no momento presente.

Que a força daquele que carregou a cruz sem ser plenamente compreendido durante sua vida terrena seja a sua luz guia. Seu amor inabalável e dedicação diante da adversidade devem ser seu modelo ao lidar com aqueles que talvez ainda não apreciem seus esforços. Seu amor os abraçará e acalmará seus corações.

Que as bênçãos de Deus estejam com todos vocês!

43

EM BUSCA DO ESCLARECIMENTO ESPIRITUAL

Ao longo das eras, espíritos missionários têm renascido na Terra para auxiliar na evolução da humanidade. Sua ajuda inicial estava relacionada à sobrevivência física, orientando os seres humanos em questões de crescimento e propagação. Contudo, o foco de suas orientações agora se deslocou para que seja possível alcançar a maturidade espiritual. As perguntas eternas que povoam as almas humanas - "Quem sou eu?", "De onde vim?", "Para onde estou indo?" - persistem até hoje.

Irmãos e irmãs, chegou o momento de nos apoiarmos mutuamente na busca por essas respostas. Estamos munidos das ferramentas necessárias para nos auxiliarmos nesta jornada, com a orientação de espíritos que iluminarão nosso caminho. É crucial manter a fé e compreender que o poder de compartilhar esse conhecimento divino está ao nosso alcance.

Cristo nos trouxe os ensinamentos da lei de Deus, e agora vocês, os novos discípulos da fé, são chamados a continuar o trabalho de estabelecer na Terra o reino da luz e do amor infinito.

Que as bênçãos de Deus estejam sobre todos vocês.

44

PRECE: UM PORTAL PARA A TRANSFORMAÇÃO ESPIRITUAL

Encontramo-nos em um período de profunda transformação, e, este período pode trazer confusão e tumulto.

Muitos indivíduos resistem às oportunidades de introspecção e contemplação sobre o propósito da vida. Persistem em viver como se nunca fossem partir deste plano terreno. Se ao menos pudessem compreender o imenso sofrimento que poderiam evitar através do simples ato de aprender a orar.

É por isso que nosso trabalho possui tamanha importância. Enquanto vocês podem perceber a oração como uma prática humilde, na verdade, ela tem o potencial de iniciar mudanças substanciais no plano terreno. No plano espiritual, permite-nos percorrer os caminhos de luz que suas preces e dedicação desdobram para nós do nosso lado da existência.

Expresso minha profunda gratidão a todos vocês por seguirem com firmeza em seus esforços, mesmo diante das adversidades que enfrentam. Ao abrirem seus corações para Cristo, encontrarão paz sem motivo para temer.

Que o Criador todo-poderoso estenda Suas bênçãos sobre vocês.

Com apreço,
Irmã Josephine

45

ABRAÇANDO A TRANSFORMAÇÃO: UMA MENSAGEM DE ESPERANÇA

Um novo começo desponta no horizonte, trazendo consigo mudanças significativas para o nosso planeta. É crucial deixar para trás as vestes do passado, transformando a paisagem em algo mais adequado a esta nova era.

O progresso não ocorre de repente; ele segue um plano maior. Embora possamos perceber os eventos como aleatórios, afirmamos com certeza que isso não reflete a realidade. O plano de Deus para nós implica avanço em todos os aspectos da vida. Vivemos em um fluxo contínuo de progresso, mesmo que nossos sentidos físicos ainda não possam compreendê-lo completamente. A realidade é muito mais complexa do que inicialmente percebemos.

Deixe os ventos da mudança dissiparem os véus supérfluos que ainda o prendem a questões materiais. Abra-se às transformações que ocorrem dentro de si, libertando seus espíritos alinhados ao processo natural de iluminação.

Mantenha-se forte e não se recuse ao que realmente lhe faz bem. Aprenda a arte da libertação e siga o que perdurará pela eternidade.

Alice

46

FARÓIS DE ESPERANÇA GUIANDO A HUMANIDADE RUMO À ILUMINAÇÃO

Vocês foram chamados para se tornarem faróis de luz, iluminando o caminho para aqueles que vivem em estado de angústia. Esta tarefa de iluminação é de grande significado, pois cada coração que for auxiliado a sair das sombras se tornará, por sua vez, um foco de irradiação de luz para muitos outros. À medida que nos unimos como habitantes deste mundo e combinamos as pequenas centelhas de nossos corações, a luz divina se transformará em um fogo ardente que abraçará todo o planeta.

Não se desanimem se não testemunharem o resultado final deste trabalho dentro do breve espaço de uma única vida; até mesmo nosso Senhor, em Seu tempo, não pôde ver a transformação que ocorreria entre Seus irmãos e irmãs no futuro.

Sigam adiante com a certeza de que são amados. Aqueles que dedicam suas vidas ao serviço do Senhor encontrarão todo o conforto que podemos oferecer, guiando e protegendo durante os momentos mais sombrios e desafiadores de suas jornadas.

Mantenham a esperança! Cuidem uns dos outros, inspirando todos a desejar a transformação. Sejam exemplos, demonstrando força e coragem. Vivam com fé e racionalidade, que têm alimentado e sustentado sua própria transformação.

A.L.

47

O AMANHECER DE UMA NOVA ERA

Uma nova era surge no horizonte, exigindo nossa atenção e um compromisso inabalável com nossos preparativos. A evolução espiritual não se dá de forma abrupta; ela se desdobra gradualmente, como uma semente tenra que rompe a terra e lentamente amadurece em uma árvore florescente. Vocês são os guardiões incumbidos de nutrir o solo com esperança e amor, o que, por sua vez, conduzirá à iluminação.

Nosso planeta demanda nossa atenção coletiva e dedicação. Devemos desmantelar todos os preconceitos e divisões remanescentes, acima de tudo, e derribar as barreiras que nos distanciam do Deus Todo-Poderoso.

Sobre esta terra, não haverá mais derramamento de sangue, nem formas de servidão, nem muros que nos dividam e segreguem. A liberdade da alma é um precioso presente de Deus, pertencente a cada um de nós, pois somos todos Seus filhos.

Esta era iminente se assemelhará a um novo dia radiante, começando quando a lua prateada se dissolver no abraço dourado do nascer do sol. Nós, como filhos de Deus, estamos destinados a brilhar cada vez mais intensamente sempre que participamos de Sua criação.

Regozijem-se, queridos irmãos e irmãs! Estou aqui para oferecer serviço e orientação ao longo desta jornada.

A.L.

48

QUANDO JESUS NASCEU?

Graças a misericórdia infinita de nosso Pai celestial, estou aqui diante de vocês para compartilhar uma humilde mensagem.

À medida que nos aproximamos do fim de cada ano, o mundo se prepara para celebrar o nascimento de nosso amado Jesus. Esta época festiva tem o poder de suavizar nossos corações com o amor divino de Deus. No entanto, a data exata do nascimento de Jesus permanece envolta em mistério, pois não há registros para alguém tão humilde quanto Jesus e seus pais.

Mesmo assim, meus queridos irmãos e irmãs, se perguntássemos aos respeitáveis e eruditos no cristianismo sobre o nascimento de Jesus, sem dúvida receberíamos respostas diversas.

Se nos aproximássemos de Paulo, o ilustre Apóstolo dos Gentios, ele relataria: "O Cristo nasceu enquanto eu viajava em direção a Damasco, com o coração carregado de orgulho e ódio, e meu propósito de perseguir seus seguidores era inabalável. Subitamente, vi-me envolto por uma luz resplandecente e poderosa, e Jesus mesmo me interpelou: 'Saulo, Saulo por que me persegues? ' Naquele momento, todo o meu orgulho e ódio se dissiparam, deixando espaço em meu coração somente para o amor genuíno."

Se buscássemos Pedro, o humilde pescador, para sua perspectiva sobre o nascimento de Jesus, ele contaria: "Jesus nasceu naquela noite fatídica em que eu estava do lado de fora da casa do Sumo Sacerdote e neguei nosso Senhor três vezes. Quando ouvi o canto do galo e me lembrei de Sua profecia, meu coração se partiu de tristeza e remorso. Foi então que verdadeiramente senti o nascimento de Jesus, que me deu forças para reunir os discípulos."

Se buscássemos Tomé, conhecido por sua dúvida, e lhe perguntássemos sobre o nascimento de Jesus, ele responderia que Jesus nasceu no exato momento em que se maravilhou ao reconhecer seu Mestre. "Vem, Tomé", Jesus diria, "vem a mim, e entenderás que eu sou a personificação do amor e da verdade."

E se indagássemos a Maria Madalena sobre o nascimento de Jesus, ela afirmaria: "Jesus nasceu quando triunfei sobre minha fragilidade, sensualidade, rebeldia e carência. O Cristo nasceu ao trazer não apenas amor e paz para mim, mas para todos."

Preparemos nossos corações para receber Jesus, não apenas durante a época de Natal, mas a cada dia de nossas vidas. Vamos compartilhar os dons da caridade, *da benevolência e do amor entre nós. Ao reconhecer Sua presença, Ele nos guiará no caminho em direção à luz divina de Deus.*

Rogo ao nosso Pai que os envolva em paz, união e o radiante brilho da esperança.

IRMÃ CATERINA

158 |

49

A BÊNÇÃO DE SERVIR A JESUS

Vocês certamente conhecem bem os desafios e tribulações enfrentados na nobre missão de espalhar os ensinamentos de Jesus. É crucial lembrar que foram convidados a este propósito desde há muito tempo. Em muitas ocasiões foram desviados pelas ilusões da vida.

Novamente, estão diante da oportunidade de carregar a tocha que guiará os perdidos e acenderá os corações sobrecarregados pelo desespero. Que grande bênção é estar engajado no serviço de Jesus! Que privilégio é sentir o ritmo de Seu coração amoroso e ouvir a cadência suave de Sua voz gentil ecoando em nossas almas.

Continuem perseverando em seu caminho em direção à libertação. Não se intimidem pelos desafios que encontram em sua jornada de serviço. Utilizem esses desafios com sabedoria, pois são oportunidades para progredir em direção a uma transformação que os libertará das imperfeições que carregam dentro de si.

"Bem-aventurados os aflitos, pois serão consolados." *Luzes invisíveis e cânticos de glória os acompanharão. Deixem-nos retumbar profundamente em seus corações enquanto avançam.*

Louvemos ao Pai por Sua infinita misericórdia e amor, que se estendem a todos nós.

Irmã Caterina

PARTE
TRÊS
POEMAS

50

CAMINHOS DA REFLEXÃO E ESPERANÇA

Pelos caminhos do mundo vou sentindo
O tempo que em minhas mãos se escoa
E seguindo nas veredas vou refletindo
O quão de experiências vividas foram boas.

Mas o ser renitente
Se afunda no ser descontente
Olha somente o que há de negativo
E da vida perde o verdadeiro sentido.

Um novo paradigma agora chegou
Convidando-nos a romper com o passado
Da luta insana que nos dominou
Nos desvarios do ser desprezado.

Eis que o Filho do Pai se aproxima
Dirimindo as trevas com seu amor
Envolvendo-nos em suave clima
E descortinando a vida em seu esplendor.

TRANSCENDÊNCIA
VIDA APÓS A MORTE

Oh, Mestre de amor infinito
Tira-nos dos charcos onde nos afundamos aos gritos
Tende piedade de seus irmãos
Que ainda não vivem o sentimento cristão.

Por ti esperamos
Em seu hálito sobrevivemos
Seu amor clamamos
Vem, Oh irmão das esferas.

51

A JORNADA DE PAULO: DA PERSEGUIÇÃO À REDENÇÃO

Saulo Saulo por que me persegues?
porque o convite do amor tu não segues?
Na fala doce de Abigail vistes a dedicação
No suplicio de Estevão testemunhastes a devoção.

As pedras não puderam a ele silenciar
E o convite que lhe fiz através dele ficou no seu pensar
Ainda assim resististes
Quedando-se na jornada triste.

Mas não pude deixá-lo meu irmão
Eu antevia a virtude em seu coração.
Fui buscá-lo nas areias do deserto
Pois a ti queria por perto.

Ceguei-te para a luz das ilusões
Mas ampliei suas celestes visões

TRANSCENDÊNCIA
VIDA APÓS A MORTE

Sentiste-te rechaçado
Do mundo isolado
Não havia mais lugar para o fariseu
Agora só havia o servo meu.

Sofrestes as chibatadas do mundo
Mas nada interferiu no seu comprometimento profundo
A sua fé jamais se abalou
E através de ti minha mensagem se consolidou.

Servo fiel venho buscá-lo para comigo servir
Pela eternidade juntos vamos seguir
Cantando as boas novas do reino do Criador
Agora irmão, tu já comungas no seu amor.

52

SOB O OLHAR DO CRISTO: REFLEXÕES DE AMOR

Quero sentir seus olhos nos meus olhos
e nos olhos do Cristo refletir
E sob seu olhar me conduzir
Quero que meus olhos só vejam o bem
Que espelhem a chama da esperança
Que viva em espiritual bonança
Quero que as lágrimas que deles rolem
Façam brilhar mais e mais o meu olhar
Para que eu possa a dor afastar
E um novo caminho trilhar
O olhar do Cristo é o olhar do irmão
Que se manifesta em toda criação
Pela singular origem nos colocando em união
Eu te vejo, e vives no meu coração.

53

A MISSÃO DE UMA MÃE

Rogamos senhor pelos filhos perdidos no mundo
Que no abismo caíram tão fundo
Vivendo em torpor profundo
Mas que são passíveis de recuperação.

Basta apenas que sejam atraídos por generosa mão.
Por um coração carinhoso
Que embora o veja desditoso
Lhe ofereça proteção.

São estas as mães dedicadas
Que vendo a alma desprezada
Nos próprios erros aprisionada
Entregam-se a sua libertação.

Oh mães do mundo se soubesses o valor
De um abraço que envolve em amor
Que retira as camadas da dor
A essa ação se entregariam com mais fervor.

Aceitas os filhos de Deus tais quais são
Fostes chamadas a este missão
De mesmo em dor entregar o coração
Para que os resgate e os leve a própria regeneração.

54

AGORA EU ME ERGO

*Sou um espírito endividado
Nas malhas do destino enredado
Pelos erros e iniquidades
Cometidos em nome do orgulho e da vaidade.*

*Na sombra muitas vezes habitei
Na desilusão e solidão chorei
E com a alma trespassada pela dor
Como último recurso de réprobo, orei.*

*Minha oração transpôs o véu denso
E neste momento solene e intenso
Chega dos céus imensa caravana
Que me retira de minha choupana.*

*A luz que deles irradiava
Atraiu outros companheiros de jornada
Do abismo muitos saíram
E em grande alívio os seguiram.*

TRANSCENDÊNCIA
VIDA APÓS A MORTE

Assim eu o fiz também
Segui os mensageiros do bem
Eu agora sou testemunha do amor
Que rasga os céus para consolar a dor.

Eu agora trabalho pelo divino
Servir a Deus é meu destino.

55

AMOR EM AÇÃO

*Gostaria de falar
Do alcance da palavra amar
Mas amar é sentir
é alcançar o que vem pedir.*

*É preciso se doar
Aos sofredores a cabeça afagar
A sua fome saciar
As feridas balsamizar.*

*A instrução lhes conceder
As mentes esclarecer
O amar porém não é
Apenas um ato de fé.*

*Deve vir do verdadeiro querer
Do âmago do ser
Ah se o ser humano soubesse
Que ao servir sua alma cresce.*

TRANSCENDÊNCIA
VIDA APÓS A MORTE

Seu fruto distribuiria
E com mais afinco se empenharia
Em cuidar do necessitado
Que de Deus é filho amado.

E assim mais cedo se uniria
Aos que com muita sabedoria
Compreendem que servir é amar
Que servir é confiar
Na bondade do Deus criador
Que nos gerou do seu amor.

56

ESCOLHENDO A ESPERANÇA

Podemos viver o amargor e o fel
Ou eleger a conexão com o céu.

Podemos escolher viver um verdadeiro inferno
Ou alçar pelas nossas emoções o eterno.

Podemos nos engessar na presença da dor
Ou abrir nossas asas ao escolher o amor.

Porque escolher o sofrimento
Quando podemos renovar o sentimento?

O grito que ecoa a desesperança
Poderia vir a ser o louvor da esperança.

Não vivas pois na desolação
Entregue a Jesus seu coração.

57

PUBLIUS E JESUS

No clarão do luar
Surge uma face conhecida
Encontra Publio no pesar
Por causa da filha adoecida.

Este se esconde na noite
Suas dores são piores que o açoite
Mas envolto em dolorosa consideração
Não entende o amigo que lhe fala ao coração.

Senador, senador porque toda esta dor?
Não confias por acaso no amor?
O Pai vela por todos nós
E não deixará a filhinha a sós.

Neste momento mesmo
Ao lado da esposa dedicada
Seus prepostos não se encontram a esmo
E os perseguidores das sombras batem em retirada.

Agora falo a seu coração
Porque nele abrigas tanto amargor?
Porque para me ver se esconde na escuridão?
Onde está a fé que ao crente dá vigor?

Deverias estar comigo por inteiro
E entre os discípulos ser o primeiro.
Seria o pesar da consciência?
A altivez e o impulso que o cegam para do espírito ter
ciência?

Ah Senador, Senador
Quantos séculos mais abraçara a dor?
Segue-me hoje e viverás no amor
E da vida eterna provará o sabor.

Esperarei sempre por ti
Através do tempo meu amor em ti se manifestará
O endurecido que ora está aqui
Meus ensinos disseminará.

Vá agora e encontre a filha bem
A alma nobre da esposa o espera aliviada
Deixa por ora o poder e a espada
Aguardarei sua companhia no além.

58

CONVITE A ESPERANÇA

Oh esperança bendita,
onde encontra-te que não te vejo
Socorre minha alma, tira-me da desdita
Do tormento e da incúria do desejo.

Nos dias de grandes provações
Sigo irrequieto e descrente
Não aproveitando as lições
E em tormento segue minha mente.

Meu espírito contrai-se em medo
Ansiedade e inquietação
O mundo estertora em dor
Sentindo falta do contato do amor.

Vejo-me privado do abraço
Do carinho tão familiar
Que o corpo vencido pelo cansaço
Anseia no retorno ao lar.

TRANSCENDÊNCIA
VIDA APÓS A MORTE

Agora em meu imo sua voz me chama
Dizendo, oh alma que agora chora
bendiga as dores de uma nova aurora
que retirará da Terra as dores de outrora.

Veja a flor que nasce no charco,
No fétido ao qual se submete
Entendendo que a vida é um marco
E destemidamente a ela se remete.

Oh alma querida, venho devolver aos seus olhos brilho
Para resgatar as almas o Cristo não descansa
E em nome do Pai amado, do qual és filho
Procure sempre abrigo no consolo da esperança

59

POEMA DO RETORNO

O que faço que não quero
O que quero que não tenho
A resposta que espero
Compreender de onde venho.

A questão me invade a mente
A falta do linear que se sente
Nesta existência que desafios terei?
Uma vez mais em desdita sairei?

Transitando por várias vidas
Desbaratando o precioso tempo
Repleto de ações nefastas não contidas
Perdendo a benção do momento.

O prospecto da volta é imediato
Por muito tempo resisti a esse fato.
Mas como encontrar a coragem
De não mais ficar a margem.

TRANSCENDÊNCIA
VIDA APÓS A MORTE

Olho minha falta de luz
Minhas escolhas equivocadas.
Que hoje representam minha cruz
Resultado da vida marginalizada.

Quero vencer quero subir
Quero aprender e o bem sentir
Quero enfrentar o caminho do porvir
Quero com Jesus minha vida seguir.

60

JESUS, NOSSA LUZ DIVINA

Senhor generoso do Universo
A Ti honramos com nosso verso
Tu vieste a nós por amor
Ouvindo o pranto oriundo de nossa dor.

Imersos em profunda solidão Perdidos na sombra de nossa
escuridão
Necessitados de sua compaixão
Dos paramos de luz desceu
E as mais belas lições teceu.

Mas que fizemos contigo querido Mestre?
As tuas palavras não escutamos
Envoltos nos próprios enganos
Seus ensinos desprezamos.

Renegando as verdades celestes
Que tão amorosamente dissestes
Os sábios exemplos que nos destes

TRANSCENDÊNCIA
VIDA APÓS A MORTE

Trocamos pelas paragens agrestes.

Agora nossa alma vazia e sem brilho
De endividado andarilho
Tateia nas sombras da escuridão
A procura de seu dadivoso coração.

Somente sua luz pode iluminar
A estrada da vida que devemos tomar
Contigo nossa alma se aquieta
E evita a via incorreta.

Habita em nossa alma perdida
Que tantas vezes o renegou
Acolhe-nos no momento da partida
Seu amor nossa alma marcou.

Jesus tu és a luz do mundo
Caminho que nos leva ao eu profundo
Serenando nossas almas aflitas
Que há muito transitam na desdita.

Liberta-nos, pois, dos ciclos da reencarnação
Ajuda-nos a sermos puros de coração.
Contigo podemos viver acima da dor
Quanto mais capazes formos de espalhar o amor.

Sua voz amorosa nos convida
A seguirmos juntos rumo a verdadeira vida
Vinde a mim vos que sofreis
E eu vos aliviarei.

EPÍLOGO

PADRE AMBROSE

Após ler os relatos daqueles que gentilmente compartilharam suas experiências, é fundamental destacar que, em alguns momentos, recordar essas vivências foi profundamente doloroso para eles. No entanto, valorizaram a oportunidade de iluminar aspectos da vida espiritual e contribuir de maneira positiva.

É crucial reconhecer que estas não são simplesmente histórias concebidas pela médium. São encontros genuínos destinados a oferecer-lhe insights sobre nossa existência além desta vida.

A intenção dos Espíritos foi inspirar e encorajar todos a buscar uma compreensão mais profunda de sua verdadeira natureza, visando melhor prepará-los para a jornada de modo que, ao retornar, o caminho possa ser mais feliz e iluminado do que aqueles que eles próprios percorreram.

Lembre-se sempre de que nosso Pai compassivo não é a origem de nosso sofrimento. Foi pela misericórdia de Deus que os Espíritos puderam compartilhar suas experiências através das comunicações recebidas. Deus é a personificação do amor e do perdão, e cada um de nós está avançando em direção a Ele por sua própria maneira.

Encontre a coragem para passar pela porta estreita, que o auxilia a deixar para trás as imperfeições e a se aproximar de Deus, vestido com o traje nupcial mencionado na parábola do festim das bodas. Ao fazê-lo, você poderá retornar a Deus em um estado de pura e profunda bem-aventurança, conforme destinado.

Que sua jornada seja trilhada com tranquilidade.